La oración de un niño — ¡contestada!

La oración de un niño — ¡contestada!

La superación de los obstáculos de su vida.

ROGER SCOTT

"La oración de un niño… contestada"

authorHOUSE®

AuthorHouse™
1663 Liberty Drive
Bloomington, IN 47403
www.authorhouse.com
Phone: 1-800-839-8640

Published by AuthorHouse   12/11/2012

ISBN: 978-1-4772-9620-2 (sc)
ISBN: 978-1-4772-9619-6 (e)

por Roger Scott
editada por Cheryl Weltha
traducida al español por Patricia Campollo

Metas y propósito

Estoy escribiendo este libro con la esperanza de que otros se beneficien de mis experiencias. Sé que pueden ser ayudados con lo que comparto en este libro, ya que no quiero ver a otros ir por la vida luchando con sus problemas cuando hay una solución. Quiero compartir mis ideas para ayudarle con su situación.

Son las oraciones de mi esposa y las mías, que en la medida que lea este libro, sea capaz de poner en práctica las sugerencias que he ofrecido y es nuestra oración que pueda vivir una vida en victoria, y por la gracia salvadora de Jesucristo, **usted** pueda triunfar.

CONTENTS

Primera Parte: Historia Principal

Segunda Parte: Soluciones

Agradecimientos

En primer lugar quiero agradecer a mi esposa Jackie quien ha estado a mi lado toda nuestra vida conyugal. Ella es en quien siempre puedo confiar. Es mi mejor amiga, mi ayuda idónea, mi amante y mi todo. Me quedo corto al hablar de ella. ¡Estoy tan agradecido de que ella sea parte de mi vida! El día en que conocí a Jackie fue el mejor día de mi vida. Ella también ha sido una tremenda ayuda al trabajar conmigo en este libro. La amo más y más al continuar juntos con el transcurrir del tiempo.

Les envío mis mejores deseos a mis dos hijos Andy y Bob. Ellos han soportado por una época las dificultades de nuestra recuperación. Ellos fueron los desafortunados testigos de los que pasaba en nuestra vida. Estoy orgulloso de mis muchachos y les amo tanto. Les he dado todo lo que he podido darles como padre.

Después de recibir a Jesucristo como mi Salvador nosotros empezamos a asistir una iglesia dirigida por los pastores Dan y Anne Berry y hemos estado con ellos desde entonces. Los pastores Dan y Anne Berry siempre han enseñado y predicado la palabra de Dios sin compromisos; y han sido un pilar en mi vida. Siempre he podido contar con ellos.

Así como ellos fielmente nos han enseñado la verdad, así la hemos aplicado a nuestra vida. Les amo, les tomo en cuenta como amigos y les reconozco como mis Pastores al haber guiado a Jackie y a mí a través de nuestra vida Cristiana. Les agradezco desde el fondo de mi corazón, sin ellos, Jackie y yo no podríamos estar donde estamos hoy. Gracias Pastores Dan y Anne.

Le doy un abrazo especial a mi hermano Randy y mi hermana Pam ya que juntos atravesamos este reto y nos apoyamos el uno al otro en nuestros tiempos de necesidad. Cada uno lleva su propia cuenta de lo que pasó en nuestra vida pero en esta ocasión la pasamos juntos.

Agradezco muy especialmente a mi consejera y guía del séptimo grado la Señora Lampshire ya que sin ella no hubiera podido lograrlo aquella vez en mi vida. Un agradecimiento especial a mi amiga de muchos años, Cheryl Weltha por su apoyo editando este libro.

También quiero agradecer grandemente a mi mamá y papá, ellos nos criaron lo mejor que pudieron e hicieron lo mejor con lo tenían que hacer. Nos enseñaron valores, amor y el sentido de un hogar y nos llevaron a la iglesia para que conociéramos acerca de Dios. Nos enseñaron como trabajar duro y como ser ciudadanos rectos y honestos.

También nos enseñaron a reír y a divertirnos. Tenemos muchísimos recuerdos de los tiempos que pasamos juntos para algún día festivo y eventos familiares. Nos alimentaron, nos vistieron y reforzaron lo que esperaban de nosotros. Soy quien soy el día de hoy gracias a ellos.

Yo también he estado rodeado por una innumerable cantidad de amigos a quienes no me atrevo a enumerar por temor de dejar a alguno fuera de la lista.

Pero más que nada, quiero agradecer a mi Padre celestial quien ha sido precisamente eso para mí, mi Padre celestial. Nunca podría haber un mejor ejemplo de paternidad que la de nuestro Padre celestial. Le doy gracias a <u>Él</u> por hacer de la vida y la salvación algo disponible para todos nosotros. ¡La vida eterna es algo bueno! Padre Celestial, le amo.

Roger Scott

PRÓLOGO

Al servir como misioneros en Guatemala, mi esposa y yo estuvimos trabajando en un orfanato de la localidad ayudando a niños quienes estaban allí debido a desintegración familiar. Sí, estuvimos viviendo en tierras extranjeras haciendo algo muy único y especial en nuestra vida.

Mientras vivía en Guatemala me di cuenta de lo afortunado que era de poder servir a Dios y a Su pueblo en tierra extranjera. Era algo mas allá de lo que jamás pude haber imaginado en mi vida.

Pensé en aquel entonces que si podía apuntar lo que había sucedido en mi vida podría ser de beneficio a otros, así que me senté y empecé a escribir. Empecé a retroceder y recordar que había ocurrido en mi vida como niño viviendo en un hogar de alcoholismo.

Este hecho está escrito de la mejor manera de cómo lo recuerdo. Quería compartir mis experiencias de la niñez y como estas moldearon mi vida y compartir esto para que otros pudieran ver que si es posible vencer su pasado. Yo quería compartir mi historia para poder ofrecer esperanza y ayudarle a levantarse y encontrar victoria en su vida.

No es una pregunta de *¿cuál?* es su situación. No, lo que importa es que encontremos el *¿cómo?* y sobresalir de la situación. Quiero ayudarle a descubrir maneras de llegar a la raíz de los problemas y empezar a encontrar un camino para salir de una vida de locuras. Dios quiere que estemos saludables – espiritual, mental y físicamente. Dios quiere que seamos equilibrados y que vivamos nuestra vida al máximo.

Voy a compartir mi historia desde niño creciendo en un hogar alcohólico hasta el momento en que Dios se me reveló. ¿Porqué hacer esto? ¿Para sacar a luz todo lo malo que sucedió? ¿Para revelarle a otros los *ay! que tiempos tan terribles* que yo tuve como niño al ser criado en un hogar de alcoholismo?

Comparto mi historia para darle esperanza. Pese a lo que nos suceda a cualquiera de nosotros y a pesar de las circunstancias de la vida, todos tenemos iguales oportunidades de salir adelante en nuestras situaciones y vivir una vida victoriosa. ¡Esto es lo que yo quiero para usted! ¡Es mi anhelo que usted se convierta en un vencedor sobre los obstáculos en su vida!

¡Sé que mi historia no es única y muchos han tenido experiencias similares en sus vidas y muchos han vivido cosas terribles que les sucedió y que han dejado cicatrices emocionales profundas! Hay muchísimos de nosotros que tienen una historia trágica que contar, pero si podemos encontrar victoria en esta vida, no tendremos que pasar el dolor y las heridas a nuestros hijos, ni a los hijos de nuestros hijos. ¡No! Podemos detenernos y encontrar la normalidad en nuestra vida.

¡Usted vale! ¡Ha sido creado con un propósito! ¡No deje que se le escape de las manos!

Oro que al leer mi historia usted encuentre esperanza y sea conmovido y pueda decirse a sí mismo, "Sabes, creo que puedo hacer esto. Sí, puedo salir adelante con esto. ¡Puedo cambiar! ¡Puedo encontrar un camino para cumplir el plan para mi vida!"

¿No es eso emocionante? Estoy movido a compartir mi historia con usted para que encuentre victoria. Así que vamos juntos en esta aventura, ¿quiere? Empecemos a visualizar lo que podemos llegar a ser y veamos lo que Dios ha creado para nosotros. ¿Está listo? ¡Vamos a empezar!

Capítulo Uno

El Comienzo

Era una tarde típica del sábado y mi hermano, mi hermana y yo estábamos en el patio trasero de nuestra casa. Yo tenía alrededor de 9 años. Era primavera y estábamos todos contentos de finalmente estar afuera en el aire fresco. Yo era jugador de beisbol de la pequeña liga y en esta asoleada tarde yo estaba intentado que mi hermano practicara pelota conmigo.

"¡Vamos, Randy, lánzame la pelota! ¡Yo sé que la puedo atrapar, vamos!"

Mi hermana Pam la lanzó, "¿Por qué no me la lanzas?" Ella siempre quería ser parte de lo que mi hermano y yo estábamos haciendo.

Mi hermano mayor Randy respondió, "¡Porque tenemos que practicar para el juego de mañana, déjanos en paz!"

"Niños, vamos adentro, la cena está casi lista."

Esa era mi mamá llamándonos. La cena estaría lista más temprano de lo normal esa noche ya que mamá y papá ser irían a bailar, y ¡sí que les gustaba bailar! Era solo una de las muchas cosas que a mi papá le encantaba hacer. Beber y divertirse con sus amigos era una gran parte de su vida.

El escenario estaba montado. Mamá y papá se estaban preparando para salir de noche y nosotros, los tres niños, ya estábamos adentro para cenar. Había bastante actividad ya que todos se estaban preparando. Mi mamá estaba en el cuarto y mi papá en el baño y ambos se estaban arreglando poniéndose guapos. Ellos sin duda eran unos grandes padres y yo estaba realmente orgulloso de ellos.

Ellos estaban emocionados de ir a bailar. Mi papá era un hombre grande, pero hábil con sus pies. Ellos buscaban una mesa con amigos, ordenaban algunas bebidas, encendían los cigarros y ¡a empezar se ha dicho!

Este sábado por la tarde en particular, en medio del ajetreo y el bullicio de nuestra rutina, algo muy inusual sucedió. Nosotros, los tres niños, estábamos sentados en la mesa del comedor esperando la cena, platicando y pasándola cuando de repente escuchamos desde el baño un "¡ZAS y un CRAC"! Sonó como si fuera un palo que estaba rompiéndose sobre la tina del baño.

Luego mamá gritó, "¡Ay, Marvin, no! ¡Me estás lastimando"!

Entonces ella empezó a llorar. Papá estaba enojado con ella y le estaba gritando llamándole nombres. Ella estaba llorando y defendiéndose. ¡Fue una gran sorpresa!

"¿Qué fue todo esto?" todos nos preguntábamos. Mi mente volaba con preguntas y confusión en cuanto a lo que estaba pasando.

Nosotros no solo estábamos en shock, teníamos miedo. ¡Esta era **la primera vez** que algo así hubiera ocurrido! ¿Qué diablos estaba pasando con mamá y papá? ¿Por qué estaban peleando y llorando? Papá estaba diciéndole cosas groseras a mamá. Todos nos vimos y al mismo tiempo empezamos a llorar.

Apenas nos dimos cuenta de que esto era solo el comienzo de una pesadilla; una que dañaría a toda la familia. Una vida familiar que sería despedazada por torbellino de ira y odio. Experimentábamos tantas cosas malas; peleas en medio de la noche y terribles palabras. Nuestros padres se golpeaban entre sí dejándose ojo morados y moretones. Había cristales y muebles rotos y visitas a media noche por la policía. Veíamos como nuestra vida como familia se desintegraba a medida que la bebida se hacía cargo de todos los aspectos de nuestra vida.

Estábamos siendo introducidos a una vida de alcoholismo, una terrible enfermedad que nos cambiaría para siempre, no solo mientras vivíamos en casa cuando éramos niños, pero para el resto de nuestra vida.

"¿Qué les pasaba a mamita y papito?"

CAPÍTULO DOS

¿Qué les pasaba a mamita y papito?

Voy a volver a la época de la depresión en los Estados Unidos, a principios de 1930. Estos fueron los años que formaron las vidas de mis padres. Fueron tiempos tan difíciles que la gente era forzada a hacer cosas que normalmente no harían, por ejemplo: algunas familias tuvieron que vivir juntos para ahorrar dinero y sobrevivir y otras familias tuvieron que separarse para lograr subsistir. Había innumerables hombres y mujeres que habían perdido sus empleos, sus hogares y todos los medios de subsistencia. En tiempos como estos, había que tomar decisiones difíciles. Creo que mi mamá fue una víctima. Poco después de su nacimiento, su madre murió. Mamá era la última de cinco hijos, nació un poco tarde y posiblemente no fue planificada, creo que nadie sabía realmente qué hacer con ella después de que su madre murió, así que su padre, incapaz de darle el debido cuidado y atención, la puso en un centro de cuidados. Más tarde, cuando ella tenía tres años, mi mamá fue colocada con una familia tutelar. Fue llevada a un hogar con nuevos padres quienes realmente la amarían y se preocuparían por ella, pero éstos no eran sus padres biológicos.

Los nuevos padres de mamá estaban familiarizados con su padre biológico, pero no permitieron que ella lo viera. Tampoco se le permitió conocer a sus hermanos y hermanas y nunca los visitó. Me pareció extraño porque todos vivían en la misma ciudad. Mamá creció viviendo en la misma ciudad sin saber nada de su familia biológica. No fue sino hasta después de unos cuarenta años, que mamá conoció y comenzó una relación con su hermana mayor. Cuando empezaron a conocerse, su hermana le dijo que estaba mucho mejor sin conocer a su papá. Hubo abusos y alcoholismo además de una vida familiar estresante, a la cual mamá no fue parte, pero mamá todavía quería saber más sobre su padre.

Ella tenía preguntas. ¿Aún estaba vivo su padre? Ella quería conocerlo. Sí, se le dijo que él todavía estaba vivo. Se le informó de que su padre estaba trabajando cerca, en una tienda de abarrotes como carnicero. Mamá pensó que tal vez podía verlo allí, aunque no quería realmente hablar con él, ella sí quería por lo menos ver qué aspecto tenía. Aún con miedo se fue a la tienda de abarrotes donde él trabajaba y se agachó por detrás de los estantes de la tienda para echarle un vistazo. No sé por qué, pero eso fue suficiente para ella. Ella nunca tuvo una relación con su padre.

Crecí conociendo a sus padres adoptivos como mis verdaderos abuelos a quienes yo amaba. Cuando viajábamos para verlos siempre nos lo pasamos de maravilla. Mi abuela siempre tenía galletas en la gaveta metálica en la parte superior derecha de la cocina. De día o de noche, siempre se me permitió agarrar una galleta. Tuvimos buenos momentos con nuestros abuelos. Mamá tuvo suerte de haber sido criada por esta pareja amorosa.

¡"Buddy" era su apodo! Mi padre fue criado en un ambiente un tanto diferente. Él fue criado medio tiempo por su madre y padrastro y nunca conoció a su verdadero padre. Mi papá siempre quiso saber quién era su verdadero padre. Su madre le había dado órdenes estrictas a otros miembros de la familia que nunca *nadie* debería permitir que mi papá se enterara de quién era su verdadero padre. Ella debió haber tenido una buena razón, pero no puedo imaginar lo que era. Mi padre nunca supo nada acerca de su padre biológico. Es un misterio que no será descubierto, porque toda aquella generación ha fallecido.

Esto es lo que sé de la infancia de mi padre. La familia sí que tenía historias que contar; se chismeaba acerca de que a la madre de papá le gustaba pasarla bien, tanto así que tener un hijo era un verdadero fastidio. Debido a eso mi papá andaba rebotando de un lado a otro a medida que crecía. Se quedaba con su mamá y su padrastro por un tiempo y luego con una tía y luego tal vez en la casa de un amigo. Finalmente aterrizó semi-permanente bajo los cuidados de una familia tutelar, pero luego, por alguna razón, su madre lo quería de vuelta o lo necesitaba en su vida, así que se iba de regreso. Después de un tiempo, ella lo enviaba de nuevo al hogar tutelar y él no volvería a ver ni oír de ella por semanas o meses.

Al crecer bajo estas circunstancias él experimentó un rechazo real en su vida. ¿Quién lo quería? ¿Su mamá? ¿Su padrastro? ¿Quién? Era algo que realmente le molestó a mi papá.

Esta es mi interpretación. Escuché que cuando mi papá era un niñito y lo llevaron a la casa hogar por primera vez, uno de los niños de allí dijo "Hola Amigo, Hola Amigo, ven aquí. ¡Hola! Amigo, ¿qué estás haciendo? Que tal, Amigo."

Así que fue apodado "Buddy" al instante y por el resto de su vida, cada vez que veía a su familia de crianza le decían "Buddy". Dos de los niños eran parte de la familia original y este hermano y hermana permanecieron en la casa hogar durante toda su infancia. Mi papá era cercano a estos dos chicos y ellos se volvieron "el hermano y la hermana" de mi papá. Por supuesto que había otros niños adoptivos que iban y venían conformes surgía la necesidad, al igual que mi papá venia y se iba.

Debido a esta mezcla de crianza en la vida de mis padres, yo crecí conociendo a <u>tres</u> pares de abuelos. Dos pares de abuelos por parte de papá y una pareja de abuelos por parte de mi mamá. Todos ellos jugaron un papel tan importante en nuestra vida. Mi esposa Jackie y yo nombramos a nuestro primer hijo con el nombre de los tres abuelos. Mis tres pares de abuelos eran muy especiales para mí y el tiempo que pasé con ellos fue bueno para mí.

Por otro lado, papá tuvo un tiempo muy difícil con su verdadera madre. Recuerdo que cuando yo era joven, viajábamos para visitar a los abuelos, ya que las tres parejas vivían en el mismo cuidad. Mi hermano, mi hermana y yo podíamos percibir el rechazo que papá sentía por su madre, pero papá sabía que tenía la obligación de llevar a sus hijos a visitar a nuestra abuela y abuelastro.

Recuerdo estar sentado en el asiento trasero de nuestro carro con mi hermano y hermana. Nos estacionábamos a la vuelta de la esquina de la casa de la abuela y del abuelo. Escuchaba a mis padres hablar o mejor dicho, discutir, sobre ir y entrar en la casa de la abuela. Él no quería ir. Le tenía resentimiento a su mamá y los recuerdos desagradables de su infancia volvían a surgir cada vez.

Mi mamá decía: "Querido, tenemos que entrar. Nuestros hijos son sus nietos."

Papá peleaba con eso y por fin se decidía a entrar y teníamos una corta visita. La abuela y mi papá se decían cosas porque nunca podían llevarse bien. Siendo niños, no estábamos completamente conscientes de lo que estaba pasando y estábamos ciegos a estas cosas. Solo estábamos interesados en las galletas y leche con chocolate que nos serian dados. Nosotros amábamos a todos nuestros abuelos.

Debo decir sin embargo, que la madre y el padrastro de papá también eran una pareja llena de vida, sólo que diferentes, eso es todo. Duke era el apodo de su padrastro y era divertido estar con él. Me caía muy bien el abuelo Duke. Él era un pintor de casas de profesión y jugador y unas horas después del trabajo, un bebedor. También era un corredor de apuestas quien apostaba con caballos y mi padre aprendió un montón del viejo Duke. Correr a caballo era algo que mi padre siempre disfrutó hacer y este era el ambiente en que mi papá creció mientras vivía con su madre.

Cuando visitábamos su casa, la plática era diferente. Eran más coloridos con su lenguaje y decían unas cuantas palabrotas (no muchas, debido a que estábamos nosotros, los niños), bebían y gritaban de aquí para allá y esa casa siempre estuvo llena de vida. Pensaba, este sí que es el mundo de Duke y Minnie.

Cuando era adolescente mi papá me llevaba con él cuando iba a la pista de caballos. A veces me pasaba dejando con la abuela Minnie y después de que papá se iba ella me preguntaba: "¿Hola cariño, quieres una cerveza? ¿Qué tal un cigarro? ¡No le diremos a tu papá! ¿Está bien?"

Me pareció que estaba muy bien, y mi respuesta siempre fue: "Claro, suena estupendo. Vamos a darle una probadita."

Sólo para aclarar, al hablar de abuelos, biológicos y de crianza, no estoy poniendo a uno encima del otro. Los padres son padres y yo los amaba a todos por igual. Los padres adoptivos de mis padres eran sus padres, quienes les amaban y criaron como propios.

Después de un rato nos íbamos a la casa de los padres de crianza de papá y era completamente diferente. "Hola Buddy, ¿cómo te va? ¡Es bueno verte hombre!" Todos éramos recibidos con abrazos y cálidas bienvenidas y teníamos un muy buen tiempo allí. Esta era una casa con amor por todas partes. A todos nos gustaba estar con esta pareja de abuelos, ya que era muy divertido.

Del otro lado de la cerca, cuando papá vivía con su familia de crianza, aprendió otros valores que mantuvo claros en su corazón. Esta familia trabajó duro y parecían tener una perspectiva diferente de la vida. Creo que aquí fue donde papá aprendió el verdadero significado de la familia, lo que en realidad era.

Más que cualquier otra cosa puedo recordar llegando tarde un viernes en la noche de Navidad y cuando llegamos, ¡la casa estaba llena de amigos y familiares! El viejo abuelo Andrew [Andrés] estaba sentado a la gran mesa del comedor con su pipa para fumar en la mano. Una cosa que recuerdo son los aromas de la casa; los aromas del tabaco de la pipa y los cigarrillos sin filtro marca Camel [Camello], el olor del café espeso percolado con crema entera y azúcar llenaban la casa. El tintineo de las cucharas cuando echaban el azúcar y la leche instantánea marca Carnation Pet, al café.

¡Recuerdo las risas y el amor de esa casa! Las historias se desplegaban acerca de eventos pasados de la familia. Ésta era una familia con abundantes en recuerdos.

La casa donde se crió papá era una casa sencilla de dos pisos. Me parecía tan grande cuando era un niño. Justo dentro de la puerta principal estaban las escaleras hechas de madera natural. Arriba a la izquierda, estaba el baño y tenía un inodoro con un tanque de agua que llegaba casi hasta el techo con una cadena larga de latón para jalar y echar agua. En la orilla del lavamanos estaba colocada una taza con la rasuradora y cepillo del abuelo. Me fascinaba esa casa. Más que cualquier otra cosa era el alboroto de amor y compañerismo que se vivía en la planta baja. Vaya, creo que los oigo llamarnos. Debe ser la hora de abrir los regalos de Navidad. ¡Mejor bajo allí ahora mismo!

Estos fueron mis comentarios acerca de mi mamá y papá. Básicamente, se trataba de dos jóvenes que se conocieron en la secundaria y se enamoraron. Papá se enlistó en las Fuerzas Armadas y mientras estaba de servicio le propuso matrimonio a mi mamá. Un fin de semana mi mamá se graduó del bachillerato y el siguiente fin de semana se casó.

Estos dos preciosos jóvenes estaban empezando una nueva y fresca vida juntos. Pero, ¿cómo es que el pasado que les he descrito les afectaría? ¿Podría funcionar? Sé que ambos hicieron su mejor esfuerzo para criarnos con las herramientas que tenían para trabajar. Yo prefiero recordar los buenos momentos que tuvimos cuando niños con mamá y papá, y no los malos. Ellos dieron su vida por nosotros e hicieron innumerables sacrificios. Sí que los amo a ambos.

CAPÍTULO TRES

La escalada de la enfermedad: "Alcoholismo"

Cuando era niño empecé a cuestionar que algo estaba pasando. Realmente no sabía lo que ocurriría después en mi casa. Si le decía algo a papá, la pregunta que me hacía era: "¿Será él amable?" ¿O va a perder la razón y me va gritar? Algo estaba pasando y yo no sabía lo que era. Hacíamos cosas juntos como familia, pero de nuevo, siempre había algo un poco extraño.

Uno de mis momentos favoritos fue cuando todos nos fuimos un sábado temprano por la mañana al río. Nos llevamos la churrasquera, una parrilla para barbacoas, que mi papá había hecho él mismo, y mamá encendía el carbón para que pudiéramos tener un desayuno al aire libre de jamón y huevos. Mientras ella estaba cocinando, nosotros, los niños, poníamos carnadas y tratábamos de atrapar un pez gato. Fue un tiempo muy especial.

Pero algo siempre estaba mal. Mamá y papá pasaban diciéndose cosas en voz baja. Había tal tensión en el aire. Papá siempre estaba listo para acusar y mamá siempre estaba a la defensiva. Ellos podían estar por donde estaba la churrasquera y yo podía oírlos alegando. Luego papá se alejaba gruñendo en voz baja y se iba a la orilla del río y se fumaba un cigarro. Mamá se quedaba a la par de la mesa de picnic con la cabeza hacia abajo. Yo no sabía qué pensar con todo lo que estaba sucediendo.

Como todos sabemos, al igual que con cualquier hábito, realmente no se puede precisar una fecha o evento cuando algo empieza o cómo este avanza, simplemente sucede. De repente, uno se encuentra en una situación que no esperaba estar, pero, sin embargo, ahí está. Tal es el caso con el alcoholismo, a medida que la enfermedad de la bebida lo domina, se comienza a beber más y se necesita más bebida para sobrellevar la situación. Los problemas emocionales que tienes se magnifican cuando se bebe y en realidad, se cree que está bebiendo para olvidar los problemas, y sin embargo, se hacen más grandes con la bebida.

Por lo que pude entender, parecía que papá no podía lidiar con el rechazo de su madre, ese sentimiento de "no ser amado". Parecía que todos sus pensamientos y enojo de su mama' fueron trasladados a su esposa. Era como si él estaba enojado con su madre, pero se desahogaba con su propia esposa y familia. Por las palabras que él hablaba, entiendo que él pensaba que mi madre era igual que su madre, así que centró su odio y este sentimiento de rechazo hacia ella. Ella se convirtió en el blanco de todo lo que salía cuando él bebía.

Cuando tenía doce años me estaba preparando para ingresar a nivel medio y todo en casa se estaba volviendo una locura. Papá terminaba su día de trabajo, se iba directamente a la taberna y se quedaba allí hasta que cerraban. La bebida lo había realmente consumido. Normalmente, en algún momento después de la medianoche, él llegaba a casa hecho una furia, enojado con mamá y enojado consigo mismo. Estaba enojado con lo que el mundo le había hecho. Acusaba a mamá de ser infiel. Se había vuelto loco. Él estaba tan consumido con esto que nada más le importaba.

A medida que el consumo de bebidas alcohólicas aumentó también su enfermedad y todo lo que acarreaba con él. Él simplemente estaba loco de extrañas ideas y enojo. Él irrumpía en la casa borracho y ¡la pelea comenzaba de inmediato! haciendo acusaciones acerca de mamá. El alcohol estaba tomando su mente.

A veces se salía de la casa y se iba a la pista de carreras y se desaparecía por una semana. Se alejaba y sin llamadas telefónicas. Quién sabe dónde se quedaba. ¿Se quedó con su madre? Una semana a la vez se iba a jugar juegos de azar, a beber y quién sabe qué más. Cuando niño, no tenía ni idea. Sólo sabía que él no estaba en casa.

Entonces, de la nada, él se aparecía y nuevamente solo estaba en casa. Pero él estaba rabioso en su interior. Por ejemplo: Él estaba leyendo el periódico después de la cena y yo me acercaba a él y preguntaba: "Papá, la banda de la secundaria tendrá un concierto el jueves, ¿puedes venir?

Sabes, estoy en segundo lugar en la clase este año."

El no bajaba el periódico, y respondía detrás de él, "¡Vamos a ver, hijo! Estamos muy ocupados en el trabajo."

Él no vino al concierto.

"Papá, nuestro partido es este sábado a las diez en punto. ¿Puedes venir a verme jugar? Estoy empezando este año y soy jugador de medio campo. ¿Puedes venir a verme jugar?"

Él decía: "Voy a tratar, hijo. Vamos a ver." Venía el sábado… yo seguía buscando en el graderío para ver si venía a mi partido; él no vino. "Papá, nuestra banda de rock-and-roll estará tocando en el baile. ¡Ven a escucharnos tocar!"

Una vez más, yo buscaba arduamente su rostro por todo el auditórium. Era un hombre grande y fácil de ubicar entre otros ya que era una cabeza más alta. Después de buscar por el auditórium yo llegaba a una conclusión; de plano que no pudo escaparse.

Para ese entonces con la bebida, él estaba experimentando lo que se me explicó más tarde como "apagones". Él no recordaba las cosas y continuaba acusando a mi mamá de todo tipo de cosas. La llamaba con nombres terribles y hacía acusaciones sobre ella. La golpeaba y rompió la mesa del comedor a la mitad. Durante todo este tiempo, nosotros, los niños, estábamos acostados en la cama llorando y deseando que terminara. Toda mala palabra que jamás se haya imaginado, fue dicha en nuestra casa, recio y con claridad para que todos lo oyeran.

En su mente, mamá tenía todo tipo de novios con los que ella se estaba acostando. A medida que sus sospechas se intensificaron, él comenzó a rastrear y seguir carros. Él conducía por la cuidad y cuando veía un carro que pensaba que tenía algo que ver con mamá anotaba el número de placa. En su mente esto le serviría como una futura identificación en caso de que fuese necesario llevarla a los tribunales. Estas sospechas lo fueron devorando, en realidad él estaba escribiendo los números de matrículas de los carros de los hombres que él creía que eran novios de mi mamá. Yo incluso me vi obligado a ayudarle algunas veces.

Tome un sábado, por ejemplo, el día comenzaba bien y entonces…

"Oye hijo, vamos a traer un poco de queso a la tienda. ¿Quieres venir?" Qué bien, yo pensaba, tiempo que puedo pasar con mi papá, ¡sí!

Nos metimos en el carro y el asiento delantero simplemente era un relajo. En medio del asiento delantero estaba una libreta de apuntes tamaño oficio color amarillo. Estaba lleno, absolutamente lleno de nombres, números de placas y colores de los carros. Conducíamos por la calle y me decía: "Roger, ¿Qué número de placas tenía ese carro? ¡Rápido, antes de que cruce la esquina!"

Miré al frente y dije, "¡Uh-oh! Vamos a ver. Creo que, JKT 2964."

Me preguntó: "Es un Olds, ¿no es así?"

"Uh, creo que sí. Déjame ver. Sí, es un Oldsmobile."

Entonces él anotaba estos garabatos y números en su libreta amarilla y decía: "Creo que ese pudo haber sido otro de los novios de tu madre."

Con todas las peleas y ruido sólo era cuestión de tiempo antes de que alguien llamara a la policía. Más de unas cuantas veces tuvimos visitas nocturnas de la policía.

Recuerdo una noche en particular en medio de una gran pelea en el garaje que papá le había hecho un ojo morado a mamá y oímos una ventana romperse. Alguien en la vecindad llamó a la policía para ver qué demonios estaba pasando. Quizás ellos simplemente estaban preocupados por el bienestar de nuestro hogar y ¡preocupados por los tres niños que vivían en esa casa!

Allí estaba, una patrulla afuera de nuestra casa a media noche con las luces rojas activadas para que todos lo vieran. Yo podía ver el reflejo en la casa del vecino desde la ventana de mi dormitorio. ¡Luego un golpeteo en la puerta principal!

"Hola, ¿hay alguien allí? ¡Alguien venga y abra esta puerta!"

Podíamos oírlos hablar desde nuestras habitaciones. Mi papá trataba de tranquilizar a los agentes asegurándoles que todo estaba bien. Luego me llamó.

"¡Roger, Roger, ven aquí ahora mismo!"

Me levanté de la cama, me puse una camisa y unos pantalones de lona y me acerque a la puerta principal.

"¿Sí papá?", le contesté.

"¡Hijo, ven aquí! Dile a estos policías que no estábamos discutiendo y gritando. Tu madre y yo estábamos simplemente teniendo una conversación. Diles que todos estamos listos para ir a la cama y que todos están bien, ¿de acuerdo?"

Mientras tanto, mi mamá estaba abajo en el garaje llorando y curándose el ojo morado.

Yo obedecí y respondí: "Sí, eso es correcto oficial, aquí todo el mundo está bien."

Los policías comenzaron a advertirle a papá que no dejar que este tipo de perturbaciones volviera a suceder y luego regresaron a su patrulla. Eso pondría fin a esa escena y yo sólo podía pensar... ¡Regresemos a la cama y tratamos de dormir un poco!

Regresé a mi dormitorio y mis pensamientos me mantuvieron despierto. ¿Qué estaba pasando aquí? ¿Qué pasó con mi amorosa mamá y papá, y toda la paz que teníamos como familia? ¿Por qué estábamos ahora viviendo en una "zona de guerra"? Lo que quiero decir es que, ¡esto era una locura!

Al menos en el verano, era un poco más cómodo que en el invierno. Quienquiera que fuera la víctima de la noche podía salir de la casa sin tener que morirse congelado del frio. Nosotros siempre salíamos a caminar un rato porque sabíamos que en poco tiempo y con optimismo, papá se desmayaría y cerraría la boca para que nosotros pudiéramos volver a casa y dormir un poco antes del amanecer.

También durante el verano utilizábamos nuestro mosquitero en el porche delantero como dormitorio de verano. No teníamos aire acondicionado en aquel entonces así que aprendimos a abrir las ventanas, a usar los ventiladores y sudar por la noche. Nosotros, los niños, nos turnábamos para dormir en el porche porque era un poquito mejor allá afuera cuando a veces pasaba una brisa.

Una noche, la pelea fue más terrible de lo habitual. Mamá salió corriendo de la casa para escapar de él. El problema era que habiéndose ido mamá y papá todavía rabioso con una borrachera, buscaba a cualquier con quien poder desahogar su ira. ¡Él estaba tan lleno de odio! El veneno del alcoholismo lo estaba consumiendo.

En esa noche en particular él salió al porche delantero para desahogar su enojo conmigo. Todavía me acuerdo de aquellos tiempos porque no se olvidan fácilmente. Están para siempre grabados en su mente. Trate de imaginar. Se había hecho unas botanas de queso cottage en un tazón y por supuesto otro trago de whisky barato y vino a atacarme sin pensar con su sucia boca…para decirme que tenía una terrible madre… que no servía para nada bueno y que yo era igual que ella. Me refiero a que era como un disco rayado, siempre era lo mismo, noche tras noche.

Esa noche se acercó al lado de mi catre y se inclinó sobre mí a seis pulgadas de mi cara y no me dejaba levantarme; y con una odiosa, apestosa boca susurrando me decía qué tipo de madre la que yo tenía, repitiendo los odios y sospechas que él tenía sobre ella. Él no se detenía y pedacitos de queso cottage salían del los lados de su boca sobre mi cara. Ni siquiera podía levantar la mano para limpiarme; no podía defenderme, ni levantarme y si decía algo, corría el riesgo de ser golpeado.

No había escapatoria, queso cottage, WHISKY, palabras de odio. Repito, "**No hay salida.**" No hay más remedio que esperar. Él finalmente se daba marcha atrás, después de haber tenido su ración de todo, se iba al sillón reclinable de la sala y perdía el conocimiento. Después de que todo se había calmado tratábamos de volvernos a dormir.

A la mañana del día siguiente, ¡él no recordaba lo que había hecho o dicho! Hablábamos y nos gritábamos al día siguiente y le decía lo que había dicho la noche anterior, pero no lo podía creer y por supuesto que lo negaba. Me repudiaba por quien yo era. Cuando las acusaciones eran expuestas, las negaba todas y me llamaba mentiroso. Porque él "***no sabía lo que estaba haciendo o diciendo***", todo en nombre del alcoholismo.

Esta era la pesadilla que estábamos viviendo.

Era ahora el año en que entraba a una nueva escuela, la escuela secundaria. Yo estaba empezando un nuevo año, conociendo nuevos amigos y maestros. Sin embargo, en lugar de estar entusiasmados al respecto, estábamos en una niebla de cansancio y fatiga por lo que había estado sucediendo en nuestra casa. En el primer día de escuela, el maestro nos dio instrucciones: "Clase, por favor llenen esta ficha de inscripción y pásenla al frente." Así que vi esta ficha y empecé a llenarla.

Edad, nombre, dirección, nombre del padre, nombre de soltera de la madre. (Voy bien hasta ahora.)

Siguiente pregunta....... *¿Vive su padre?*

Hice una pausa para pensar. Yo quería escribir "¡No!"

Estaba pidiendo ayuda. ¿Alguien vería esto en la ficha si escribo eso? ¿Alguien vería la bandera roja que estaba alzando para que los profesores y las autoridades vieran?

Me preguntaba a mi mismo: "¿Puede alguien ayudarme? ¿Alguien puede ayudarme? ¿Hay alguien ahí afuera? ¿Qué vamos a hacer para sobrevivir a esta locura? ¿Cómo podemos salir de esta casa y este ambiente inseguro? ¿Puede ayudar la policía? ¿Puede ayudarme la escuela? ¿Pueden mis amigos ayudarme?"

"¿PUEDE ALGUIEN AYUDARME?"

Capítulo Cuatro

La oración de un niño

Había llegado el momento para una visita a nuestros abuelos. Parece que estábamos visitando más seguido. Toda nuestra familia se encontraba esparcida en la misma ciudad, así que era natural que tratábamos de visitarlos a todos.

Esto se convirtió en nuestra rutina. Llegábamos todos de la escuela y el trabajo los viernes, empacábamos y nos alistábamos para salir a las 5:30 de la tarde, **si** es que papá lograba llegar bien a casa del trabajo, entonces podíamos irnos y llegar a buen tiempo o con tiempo de sobra.

Mamá y papá hacían los planes para visitar, pese a que papá sabía que tendrían que ver a su mamá. Con tantos problemas persiguiéndole, veía la necesidad de pasar por la taberna rapidito por un trago antes de ir a ver a su madre. ¿He dicho rapidito? Para aquellos de nosotros con algún conocimiento acerca del alcoholismo sabemos que "un trago" simplemente no es suficiente. Podría ser tan tarde como las ocho de la noche y todavía estábamos esperándolo. ¡Papá nunca logró hacerle frente a esta situación o aceptarla en su vida!

Mamá hacía algunas llamadas telefónicas a la taberna diciendo: "Marvin, tenemos que irnos. ¿Vas a venir a casa?"

Finalmente llegaba a la casa. Esperábamos con nervios toda la noche porque ya sabíamos exactamente lo qué nos esperaba. Venía a casa enojado, borracho y loco, pero todos sabíamos que teníamos que ir a pesar de su condición. Así eran las cosas.

En uno de esos viajes nos subimos al carro y nos dirigimos hacia el oeste por la autopista. Él estaba rabioso por algo, maldiciendo a mamá y usando todos los insultos que se le ocurrían. Los tres estábamos en el asiento trasero y nos sentamos preparándonos para lo que pudiera suceder. Los insultos empeoraron y encendió otro cigarrillo. Papá se enfadó tanto durante la discusión que empezó a mover su mano derecha hacia mamá llamándola mentirosa, y cosas peores. Ella comenzó a defenderse y negar las acusaciones.

"¡No, eso no es cierto! ¿De dónde sacas estas cosas?", ella le decía.

Ella se enfadó tanto que empezó a protegerse; se dio la vuelta golpeándolo en el hombro y la cara y él trató de bloquear los golpes. Aún estábamos conduciendo a 120 km/h e ¡íbamos de paseo! Los tres teníamos miedo por nuestra vida cuando ella lo golpeó salvajemente y el carro se desvió bruscamente. ¡Los puñetazos iban y venían y conducíamos salvajemente por la autopista a 120 km/h en nuestro Olds modelo 59! Los tres estábamos llorando en el asiento trasero.

¡De repente mamá abrió la puerta para saltar fuera del carro! ¡Ella había tenido suficiente!

¿Qué diablos pasa? ¡Salté hacia delante agarrándole los hombros para impedir que saltara! Traté de evitar que saltara del carro y rodara sobre el pavimento.

"¿Qué demonios estaba haciendo?" Yo pensaba dentro de mí, ¿ella se ha vuelto loca? Y dije: "¡Cálmate, mamá! ¡Papá, cálmate!" Finalmente logramos controlar la situación.

Ella extendió la mano y agarró la manecilla de la puerta del carro para cerrarla. Por un momento, todo el mundo estaba a salvo. Todos respiraron profundo y trataron de calmarse. Eso pareció ser el colmo de la noche. La locura se detuvo por un momento y todo se tornó muy silencioso conforme todos se recuperaban y volvían a sus cabales. Papá encendió otro cigarrillo, murmuró en voz baja y siguió diciéndole nombres. Él nunca se detuvo.

Continuamos nuestro camino y empezamos a prepararnos. Nos limpiamos las lágrimas, mamá se arregló el maquillaje y todos nos alistamos para la gran entrada para ver a toda nuestra familia. "Si, nosotros éramos la "pequeña familia felíz".

Más lágrimas, más daño, más dolor. Estábamos viviendo una vida de temor y confusión. Es triste cuando alguien está enfermo con ésta enfermedad. Con cualquier otra enfermedad uno puede sentir compasión por la víctima, pero con el alcoholismo, no hay compasión, sólo ira y odio.

¿Por qué está pasando esto? ¿Cómo puede detenerse? Hay tales sentimientos de duda. Yo deseaba poder entender lo que estaba pasando. Si había algo que yo pudiera hacer para mejorar esto, o para hacer que esto desapareciera, yo lo haría.

Esto es lo que ocurrió otra noche. Estábamos otra vez esperando a que papá regresara a casa. ¡Le hablo acerca de una casa tensa! Sabíamos lo que iba a pasar cuando por fin llegara a casa. Estábamos viendo la tele, con un poco de palomitas de maíz y mamá estaba planchando. El programa había terminado y mamá dice, "Es mejor que ustedes se vayan a la cama y traten de dormir un poco. Probablemente va a ser una noche larga otra vez."

Hice una pausa; tenía algo en mente. Vacilé en ir a mi habitación ya que quería hablar con mamá. Así que después de que mi hermano y mi hermana se fueron a sus habitaciones, me senté y le hice una pregunta muy seria a mamá.

"Oye mamá, quiero hacerte una pregunta."

Ella siguió planchando y respondió: "Sí, hijo, ¿qué es?"

Le pregunté: "Mamá, he estado pensando. ¿Alguna vez has pensado en divorciarte de papá? ¿Alguna vez has realmente pensado en eso? Quiero decir, ¿no sería mejor? Lo que quiero decir, es que esto es terrible y estamos viviendo en una situación muy peligrosa. Esto no es vida, esto es el infierno. ¿Nunca has pensado que sería mejor para todos si él no estuviera aquí? Mamá, ¿alguna vez has considerado divorciarte de él?"

Hubo una pausa. Miré de reojo y me di cuenta que estaba llorando. **Nunca** olvidaré su respuesta.

Mientras siguió planchando, tratando de hablar en lugar de llorar, ella dijo: "Bueno, hijo, por supuesto que he pensado en ello, pero como ves, le hice una promesa a su padre. Le prometí que nunca lo dejaría, en la enfermedad y en la salud, para bien o para mal, hasta que la muerte nos separe. Roger, hice una promesa."

Luego ella continuó diciendo. "Ves hijo, tu padre está enfermo. Él no sabe lo que está haciendo. Él necesita desesperadamente ayuda. Él es un hombre muy, muy enfermo. No sé qué hacer con él todavía, pero definitivamente necesita ayuda. ¿Acaso no crees que he pensado en el divorcio cien veces? Pero tienes que recordar, ¡hice esa promesa! Ahora ve a la cama, hijo. ¿No tienes un examen en la mañana? Será mejor que le vayas a la cama, necesitas descansar. Te quiero."

"Yo también le quiero, mamá. Buenas noches. Mamá, espero que papá pueda mejorar pronto."

Me fui a la cama para tratar de dormir un poco antes de que papá volviera a casa. Sabíamos que todo estaríamos despiertos, bien despiertos, al escuchar sus amenazas otra vez. Un rato más tarde, el carro se detuvo. ¡Ya había llegado! Él estaba hablando en un tono violento y rabioso diciéndole cosas a mamá. Pudimos oír como somató a mamá contra la pared y ella gritó. Más palabrotas y gritos. Oí lo que sonaba como alguien que estaba siendo golpeado.

"¡No! Me está haciendo daño." gritó mamá. "¡Por favor, detente!"

Yo estaba acostado en la cama y pensaba, "Si no hago algo, ¡alguien realmente va a salir herido! ¡No puedo soportarlo más! ¡Voy a ponerle un fin a esto de una vez por todas!"

Salté fuera de la cama y corriendo baje por el pasillo para detener esta locura. Corrí por el pasillo balanceando mis puños hacia él y le grité: "¡Déjala en paz, deja de golpearla!" Lancé un puñetazo y lo golpeé en el vientre. ¡Siempre supe que con un solo golpe me podía acabar!

Papá me agarró y gritó: "¡Cierra la boca y vuelve a la cama! ¡No eres mejor que tu madre! Eres un mentiroso. Eres igual que tu madre. ¡Te desconozco hijo! ¡Vamos, fuera de mi vista! ¡Me enfermas! ¡No me digas ni una sola palabra más! ¡Fuera de esta casa y no vuelvas nunca más!"

Salí corriendo de la casa y ¡somaté la puerta de tela metálica! Ya era tarde, era la una y media de la mañana. ¡Estaba tan enojado que podría gritar! Caminé de arriba a abajo por la calle sin rumbo, ¡chillando seriamente! Tenía tantos sentimientos encontrados. Estaba tan enojado pero al mismo tiempo me sentía mal por causar el problema que hice. Ahora sólo era cuestión de tiempo. Esperaría a que se callara y perdiera el conocimiento para que yo pudiera volver a entrar y tratar de dormir un poco. Era la media noche, de una noche calurosa y húmeda. Finalmente me detuve para respirar profundamente y de repente me di cuenta de la tranquilidad que había allá afuera a esa hora de la noche.

Alcé la vista y me di cuenta que las estrellas estaban afuera y que no había carros moviéndose a esa hora de la noche. Nadie estaba caminando alrededor y estaba muy tranquilo y pacífico. Sólo estaba yo allí afuera. Todavía estaba enojado pero ya había dejado de llorar. Me encontraba en un callejón sin salida y no sabía qué hacer. Levanté la vista hacia las estrellas y empecé a pensar en Dios. Sabía de Dios ya que había oído hablar de él en la escuela dominical.

Empecé a hablar con Dios. "Dios, ¿qué vamos a hacer? ¿Qué voy a hacer yo? Mamá dice que papá no sabe lo que está haciendo o diciendo. Bueno, Dios, si eso es verdad, ¡algo tiene que hacerse, hombre! Padre Dios, ahora mismo te pido, que si alguna vez me vuelvo así, si cuando me case y tenga mis propios hijos, si alguna vez llegara a tener los rasgos de mi padre o me enfermara como él, si llegara a seguir sus pasos, por favor, por favor, por favor, si alguna vez llegara a ese estado donde no sepa lo que estoy haciendo, si de alguna manera le hago daño a mis hijos o a mi esposa o a cualquiera, por favor Dios, por favor, detenme! ¡HAZ LO QUE TENGAS QUE HACER! ¡Detenme! ¡No me importa! ¡Ponme en la cárcel! ¡Haz que mi esposa se divorcie de mí, cualquier cosa que tengas que hacer, hazlo! ¡No hay peor crimen que mantener prisionero a un niño en su propia casa! Padre, por favor no me permitas hacerle esto a mi familia. No permitas que repita esta conducta. Por favor, cuídame, ¿sí? Gracias, Dios. Gracias. Amén."

Y hubo una paz y sentí una calma que vino sobre mí al simplemente levantar la vista y orar.

Parece tranquilo ahora dentro de la casa. Tal vez papá haya perdido el conocimiento. Voy a echar un vistazo. Si puedo lograr pasar por donde él esta, podré tratar de dormir un poco antes de la escuela mañana. Tengo ese examen durante el segundo período. Será mejor que entre.

¡Necesito dormir!

Capítulo Cinco

Mi Ángel

Los padres de crianza de mamá vinieron de visita. Ellos estaban jubilados y estaban conociendo algunos lugares de los Estados Unidos. Vinieron desde el sur en un viejo pickup con camper y solo conducían de paso y querían pasar un rato con nosotros. Mamá había preparado la cena pero papá estaba fuera pasándola bien como era habitual. Todos esperábamos a que papá regresara a casa pero finalmente mamá dijo:

"Empecemos y comamos sin él. Ya vendrá en camino."

Bueno, ¡sí que ya venía en camino! Era la hora de siempre con lo de siempre. Era tan tarde que todos estábamos ya en cama. Incluso mis abuelos se habían ido a la cama. La pelea y los insultos comenzaron.

¡Mamá fue golpeada de nuevo! Fue una noche terrible. Estaba acostado en la cama preguntándome qué estaría pensando la abuela y el abuelo de todo esto. Ellos no sabían que esta era la manera en que su hija estaba viviendo. Mis abuelos, estando en el cuarto de abajo, podían oírlo todo.

A la mañana siguiente, despúes que me desperté, busque por todos lados para ver lo que mis abuelos estaban haciendo ver si ya se habían levantado. No estaban en la mesa y miré hacia afuera sólo para ver que el pickup se había ido. Nos habían dejado en medio de la noche, demasiados avergonzados para darnos la cara a cualquiera de nosotros a la mañana siguiente. ¡Me daba vergüenza, hombre!

Cosas como estas siguieron sucediendo y me estaba desgastando. Yo simplemente no sabía cuándo ni cómo esto iba a terminar.

¡Estoy tan cansado! ¡Había dormido tan poquito! ¡Tengo que hablar con alguien! Estoy herido y confundido. ¿Cómo podemos seguir así? No puedo hablar con mamá y definitivamente no puedo hablar con papá. No tengo ningún amigo que pudiera entender. ¡Incluso no tengo ningún amigo que venga más a mi casa!

Ideas corrían por mi cabeza. "¿Por qué mi papá no me ama? ¿Qué le he hecho para merecer esto? ¿Por qué nos trata así? ¿Por qué no cambia? Simplemente no sé qué hacer. Tengo que hablar con alguien, pero ¿con quién podría hablar?"

Al fin es septiembre y nuevamente la escuela estará iniciando. Me estaba acostumbrando a las nuevas clases y la vida en casa era lo suficientemente mala, pero yo había llegado a ser tan introvertido que ni siquiera quería estar en la escuela. Simplemente nada tenía sentido en mí vida. Debía que estar en la escuela solo porque tenía que estar. Un día de escuela debí haber llegado tarde a clases porque me encontré solito por el pasillo y mientras me dirigía a mi salón de clase me di cuenta de una oficina que tenia la puerta entreabierta con un letrero arriba que decía: "Consejero".

Mmm…No vi a nadie allí y me detuve junto a la puerta y mire hacia ambos lados del pasillo. No, no había nadie por ningún lado. Escuche pero no pude oír ningún alboroto desde adentro de la oficina. Yo simplemente solo estaba por allí pasando el rato, pero fue un poco extraño. Yo estaba mirando fijamente al letrero "Consejero".

Al mismo tiempo yo estaba pensando a mí mismo y ¡me preguntaba!: "¿Entendería esta persona? ¿Podría alguien aquí ayudarme? ¿Será que toco a la puerta? ¿Alguien escuchará?"

Entonces, como si alguien supiera que yo estaba parado afuera de la puerta, oí una voz agradable que venía desde el interior de la oficina.

"¿Puedo ayudarle? ¿Hay alguien ahí fuera?"

Comencé a asomarme por la puerta de la oficina y había una señora en la oficina sentada detrás de su escritorio.

"Hola, buenos días. Entra, por favor. ¿Qué puedo hacer por ti hoy?"

"Uh, bueno, no lo sé. Uh, bueno, quiero decir, yo solo estaba…"

"Por favor, ponte cómodo. Ven, siéntate."

Después de los saludos en general y una pequeña plática, ella me volvió a preguntar:

"¿Qué puedo hacer por ti? ¿Hay algo acerca de lo que te gustaría hablar? Tú sabes, es por eso que estoy aquí. Si hay algo que pueda hacer…déjame ponerlo de esta manera, ¿todo está bien en casa?"

"Bueno, sí, supongo, quiero decir, bueno, no lo sé. En realidad, las cosas no están muy bien en este momento, eso es claro."

"¿Quieres hablar de ello?"

"Bueno, supongo que podría. No lo sé. En realidad no es muy importante y tengo que ir a clase."

"Bueno, está bien. Si te gustaría hablar alguna vez puedo hacer arreglos con su maestro y podemos simplemente platicar. Parece que necesitas quitarte un peso de encima. Dime ahora, ¿cómo puedo ayudarte?"

"Bueno, sí, bueno, es así. Mi papá, bueno, creo que bebe demasiado, y sí, está causándonos un montón de problemas a todos en el hogar. Mira, lo que pasó fue…y luego mi papá me dijo…y me defendí, y entonces…"

¡De repente me encontré descargando todos mis pensamientos, temores y ansiedades como nunca antes! Ella me estaba escuchando, estaba preocupada; ella comprendía y sobre todo, ¡creo que a ella le importaba! Por fin le estaba diciendo a alguien mi secreto y, ¡vaya que se sentía bien tener a alguien que me escuchara! ¡Ella parecía entender!

Hable y hable y casi me desgastó descargando todas estas cosas de mi vida. Finalmente, era tiempo para ponerle fin a esta conversación.

Al final de ese primer encuentro hicimos arreglos para reunirnos una vez a la semana y más si era necesario. Ella sentía que era muy importante que monitorear lo que estaba pasando en casa y así el asesoramiento continuo estaría en orden. ¡Estuve de acuerdo! Me sentía mucho mejor simplemente encontrar a alguien con quien pudiera hablar.

Hicimos los arreglos para reunirnos en su oficina todos los lunes por la mañana al inicio de la jornada y de esta manera podíamos cubrir los eventos del fin de semana. Yo iba directamente a su oficina y faltaba a mi clase de "Comunicación Oral en Inglés", pero dejar una clase con veinte y cinco de mis compañeros no era realmente un problema, yo ya era muy introvertido y realmente no hablaba con nadie. No hay problema, pensé. Mi profesor de Inglés estuvo de acuerdo de que estaría bien que faltara una clase a la semana y que de ser necesario podría reponer lo que me perdí.

Cada lunes por la mañana durante el primer periodo nos reuníamos a hablar acerca del fin de semana.

"¿Cómo le fue? ¿Hubo algunos problemas?" Mientras escuchaba, ¡mostraba compasión! Ella me ayudó con las preguntas que tenía: ¿Qué debo hacer al respecto…? ¿Cómo puedo manejar aquello?" Ella me ayudó ***tanto***.

En aquel tiempo y edad de mi vida y con las circunstancias que estaba pasando, ella realmente se convirtió en mi ángel.

Yo ansiaba verla para hablar cada lunes por la mañana. Ella me ayudó a darme cuenta de que yo no era mala persona como mi papá había dicho y que lo que yo estaba haciendo para tratar de ayudar y defender a mi mamá era muy natural y que cualquiera habría hecho exactamente lo mismo.

Cada lunes por la mañana hablamos de los acontecimientos del fin de semana. Ella me animaba y también me dio mucha guía necesaria en cuanto a lo que debía hacer en diferentes circunstancias. Le conté acerca de la vez que mi mamá trató de saltar del carro en la autopista.

Ella dijo: "Roger, por favor nunca más le pongas en esa situación otra vez." (Ella estaba hablando acerca de subirme al carro en primer lugar). "Nunca tienes que hacer una cosa así de nuevo, no tienes que hacer algo que ponga su vida en peligro. Si sus padres se van a poner en peligro, eso es una cosa, pero tú no tienes que ir con ellos, no en el estado en que estaba su padre."

Ella era insistente. "¡ROGER, NO TIENES QUE IR!"

Yo sí la llamaba mi ángel. Ella fue una de las personas más importantes en mi vida. Siento que realmente me salvó la vida, si no es que literalmente, psicológicamente. Ella me dio esperanza y sobre todo me animó a no creer las cosas malas que mi papá había dicho sobre mí. ¡Reafirmó mis valores para que pudiera mantener mi cabeza en alto y estar orgulloso de quien yo era!

Bueno, estaba destinado a suceder. No fue sino dos o tres meses después de que hicimos planes para ir a Omaha a ver a la familia nuevamente y por supuesto todas las cosas serían de la misma manera. Papá no iría sin antes emborracharse y nosotros estábamos esperándolo a que llegara a casa. Finalmente condujo hasta la casa ese viernes por la noche, un poco más temprano de lo usual. Lo recuerdo porque aún había luz de día afuera y gritó, "¡Vámonos, es hora de ponerse en marcha!"

Él ya estaba enojado y borracho. Entró a la casa e inmediatamente estaba somatando la mesa con su puño, tomando otro trago y estremeciendo a todo el mundo.

Esto se veía bastante mal. ¿Nos iríamos a Omaha, me preguntaba? ¿Sería capaz de decirle algo? Sabía que si decía algo, lo pagaría con creces. Estaría en graves problemas, eso lo sabía con seguridad. Seguí luchando contra mis pensamientos. ¿Valdría la pena? Quizás debería simplemente seguir adelante con la situación y mantener la boca cerrada; probablemente no sería tan malo como la última vez que fuimos allá. A lo mejor todo va a estar bien. Una cosa sí sabía, si decía algo, estaría en grandes, grandes problemas.

La lucha estaba sucediendo en mi mente, pero mi consejera me dijo que ¡no tenía que ir! ¡Tenía derecho a mi vida! ¡Ala hombre! ¿Qué voy a hacer?

Papá habló: "Muy bien, vámonos si es que nos vamos a ir. ¡Carguemos!" Así que estábamos caminando hacia el carro y todos empezaron a subirse pero yo fui el último y mi corazón latía como si se fuera a salir de mi pecho. ¿Qué iba a hacer? ¡Yo no quiero ir! ¡Ella me dijo que no tenía que ir! ¿Debo decir algo? Ay, ¿qué voy a hacer? ¡Estoy desesperado dándole vueltas al asunto en mi mente!

De repente me encontré gritando: "¡Papá!" Vaya que si estaba respirando fuertemente. Me dije a mí mismo: "¿Me echo para atrás? ¡No, yo voy a ser fuerte!"

"¡PAPÁ…yo no voy a subirme al carro esta noche!"

"¿Qué dijiste hijo? ¿De qué estás hablando? ¿Qué estás tratando de hacer? Te metes al carro, le callas la boca y no voy a oír nada más sobre eso. ¡Entra al carro, nos vamos!"

"¡No papá, no voy a ir! No tengo que entrar a ese carro y no puedes obligarme."

"¡Entra al carro en este momento y vámonos!", él dijo.

"No, papá, no tengo que ir contigo. ¡Estás borracho y estás poniendo nuestra vida en peligro! Yo no tengo por qué arriesgar mi vida al irme contigo. Si te quieres ir, ese es tu problema, ¡PERO YO NO ME VOY A IR CONTIGO! ¿Está claro?"

No puedo creer que la fuerza y la firmeza que salió de mí. Estaba obligado y decidido a tomar el paso y hacer lo que era correcto sin importar lo que pudiera pasar.

Lo dije otra vez. "Puedes obligarme a entrar, pero en la primera esquina me saldré. Si me vuelves a obligar a entrar, en la siguiente esquina me saldré. **No me voy a ir contigo**."

Mi padre solo se quedó allí parado junto a la puerta de su carro. Él sabía que yo no iba a ir y él tenía calor. Pero él lo sabía, él sabía que realmente no podía hacer nada al respecto. Hubo silencio y finalmente en voz baja maldijo y dijo: "Está bien, olvídalo, nos iremos por la mañana."

Todos entramos a la casa y aquella noche fue una muy tranquila y silenciosa. Todos simplemente como que nos escabullimos a nuestros dormitorios bien calladitos y papá se fue a la cama poco después de eso. Por la mañana, todos estaban frescos y lúcidos y nos fuimos de viaje a ver a nuestra familia.

Tengo que decirle esto a mi consejera, la Sra. Lampshire. "Gracias. Gracias. ¡Gracias! Me ha salvado la vida. Estoy eternamente agradecido con usted y con todos los de su profesión, que están ahí fuera ayudando a otros. Usted estaba en el lugar y momento correcto."

<u>"Usted me salvó la vida".</u>

CAPÍTULO SEIS

Comprometido

Parecía como si mi vida estaba toda borrosa. Era una pesadilla. Sólo eran manchas borrosas de peleas, lesiones, gritos, visitas policiales, fatiga y confusión. Estábamos viviendo con un hombre loco que seguía abusando de todos nosotros. Por desgracia, cada vez que yo hacía algo para enfrentármele, lo pagaba muy caro. ¡Por lo visto para siempre!

Esto es lo que nos decía a mi madre y a mí después de una noche como la que he descrito.

"¿Por qué no le dices a tu hijo que venga aquí y me diga lo tal por cual que realmente soy? Él no es diferente a ti. ¡El mandamás! Ah sí, vamos afuera Roger, don grandulón. Dime cuándo y qué vas a hacer. ¿Vas a llamar a la policía? ¡Te voy a dar una lección!"

¡Algo había que hacer! ¿Por cuánto tiempo puede una familia vivir así? ¿Cuánto tiempo? No conocíamos más al padre que alguna vez habíamos conocido, y ya ni lo queríamos conocer. ¡Le teníamos miedo!

Los tres niños, no estábamos conscientes de esto, pero mamá estaba trabajando en una solución. Papá era un hombre enfermo y necesitaba ayuda. Mamá había estado consultando con su médico y también con nuestro pastor. Creo que después de mucha reflexión y oración, mamá tomó la decisión de internar a papá en un hospital para ayudarle con su "alcoholismo".

Ella también estaba muy asustada por lo que vacilaba. Ella era la única que podía firmar los papeles para que fuera internado. Esto significaba consecuencias, graves consecuencias. ¡Hablando de pagar el precio! Este hospital al que iba a ser enviado era un manicomio. En esa época la práctica de los hospitales era aplicar tratamientos con choque eléctricos y la idea era borrar la memoria. Me imagino que la pregunta que mi mamá se repetidamente era: "¿Hay algo más que se pueda hacer? ¿Hay alguna otra solución?"

Los médicos le habían dicho: "Vamos a tener que tenerlo internado por seis semanas para el tratamiento. No se le permitirá ninguna visita, ni tú, ni los niños, ni nadie. Será lo mejor para él, estamos seguros. Durante este tiempo se le va a aplicar como tratamiento cantidades controladas de electroshock para borrar la memoria y el pasado. Ojala que esto le ayude."

Ella tomó la decisión. Recuerde, esta idea era algo que nosotros los niños no teníamos conocimiento acerca de que era, no hasta después del hecho. Mi mamá, con el consejo y la ayuda de los profesionales, lo hizo. Nosotros no sabíamos nada de lo que iba a suceder.

¿Cómo es que alguien puede internar en un manicomio a un hombre de un metro noventa y cinco que pesa 280 libras? ¡Sería totalmente en contra de su voluntad! ¿Qué método debería ser implementado, en qué momento meterlo al hospital con la menor cantidad de problemas?

Se desarrolló un plan. El equipo que lo recogería no quería acercarse a él por la noche mientras estuviera bebiendo. Mamá no quería que se le acercaran en la mañana o en cualquier momento cuando nosotros estuviéramos por allí.

Ellos tomaron la decisión de ir a su lugar de trabajo. Mi padre era el gerente de una gran empresa, el director y jefe de numerosos empleados y exigía respeto. Este evento iba a pasar delante de sus empleados y, posiblemente, también algunos clientes.

El equipo médico fue a la bodega y le explicó lo que iban a hacer. Papá tenía una opción; o bien podía ir con ellos pacíficamente o ellos tendrían que aplicar la fuerza y de cualquier manera, ellos dijeron: "Usted vendrá con nosotros; tenemos una orden judicial."

Empezó a maldecir y a resistirse; hubo necesidad de ponerle una camisa de fuerza. Él gritó y luchó con ellos y lo sacaron metiéndolo a un vehículo que los esperaba; fue llevado contra su voluntad a una institución de la que él no sabía nada al respecto.

De todas las dificultades en la vida de mi padre, yo simplemente no puedo imaginarme esta. No puedo imaginar nada que pueda quebrantar el espíritu de un hombre como esto. Yo llore mientras escribía esto, imaginándolo luchar y gritar siendo llevando en contra de su voluntad en presencia de sus empleados. Pero también estaba muy contento de que algo se estaba haciendo para ayudar a mi papá.

Una vez más, nosotros los niños no sabíamos nada de esto hasta después de que había ocurrido. Mamá nos dijo esa misma noche. Estábamos cenando y nos explicó que no íbamos a ver a papá por un tiempo. Nos explicó que sólo podíamos tener esperanza de que él mejorara en ese hospital. Mientras tanto, íbamos a tener seis semanas de paz. Realmente aprecié eso. Oré que esto si ayudara a mi papá y que cuando él regresara a casa todo sería mejor.

En nuestra ciudad, uno de los edificios que se utilizaban como hospital para enfermos con problemas mentales era en realidad una antigua mansión Victoriana situada en un acre aislado lleno de árboles. Estaba en nuestro barrio, no muy lejos de donde vivíamos. Lo llamaban algo así como mansión o centro de retiros. La mansión se encontraba en el centro de esta superficie boscosa con nadie ni nada a su alrededor. ¡Parecía ser un lugar tenebroso!

¿Cómo iba yo a saber que era un lugar tenebroso? Yo nunca había visto este hospital, no en su interior. Sin embargo, la escuela secundaria a la que asistía colindaba con los terrenos del hospital y detrás de nuestra escuela estaba una pista y una cancha. En la orilla de la pista estaba una cerca de malla metálica de al menos un metro ochenta de altura, que mantenía a los niños de la escuela en su territorio. Podía mirar entre los árboles y ver lo misterioso de ese hospital. Así de cerca del hospital era donde vivíamos, y donde mi papá se estaba quedando.

Puedo recordar cuando me quedé con las manos abrochadas a la malla metálica mientras hospitalizaban a mi papá. Yo estaba preguntándome, contemplando y mirando fijamente a la mansión, pensando dentro de mí: "Espero que papá este bien allí dentro. Me pregunto ¿qué va a pasar cuando salga del hospital? Me pregunto ¿qué le estarán haciendo?"

Y aún más preguntas. "¿Qué pasará cuando llegue a casa? ¿Estará cambiado?" Esa fue la gran pregunta: "¿Habrá cambiado? ¿Y si así fuera, sería para bien o para mal?"

Seis semanas pasaron y el día finalmente llegó. Este era el día en que papá iba a ser dado de alta del hospital. Todos estábamos ansiosos esperándolo en casa.

Mamá fue a recogerlo y en este período de seis semanas de tiempo mi mamá tuvo que tomar su examen de manejo y obtener su licencia para conducir por primera vez en su vida. Esa fue otra historia en sí misma. De todos modos, sé que no fuimos con ella a recoger a papá y esperamos pacientemente en casa. Finalmente se dirigieron a la parte delantera de la casa y mamá estaba conduciendo, ¡eso sí que era algo diferente! ¡Allí vienen!

¡Por fin en casa! Todos estábamos un poco asustados. Todo había estado tan pacífico y tranquilo en casa durante las últimas seis semanas que todos esperábamos que siguiera de esa manera.

Bueno, todos salimos al carro para abrazar y saludar a papá. Mamá nos había advertido que los médicos le habían explicado que podría estar un poco aturdido y olvidadizo durante un tiempo. Nos dijeron que lo tomáramos con calma y viéramos cómo seguía. Él solo estaba un poco apagado. No estoy seguro de cómo describirlo, sino como un poco lento y drogado de su estancia en el hospital. Él había estado recibiendo tratamientos de choques eléctricos. Cuando llegamos al carro él estaba preocupado por la sintonización del radio del carro y estaba un poco confundido.

"Vamos, papá. Vamos adentro de la casa. No le preocupes por ese radio. ¡Qué bueno es verte!"

En las próximas semanas nos dimos cuenta que él no podía recordar algunas de las cosas más simples. No podía recordar a una persona en particular, los alimentos o un programa de televisión y también estaba un poco tembloroso. Fue difícil. Todos estábamos con los nervios de puntas a la espera de ver cómo iba a acabar todo.

No podía recordar el nombre de un amigo. Fue muy frustrante mencionar algo que era muy obvio y que él simplemente no podía recordar. Él se disculpaba y nos decía: "Lo siento, el médico dijo que podría tener un poco de falta de memoria, pero dijo que iba a mejorar. Sólo tengo que darle más tiempo."

Por desgracia, lamento decirle que lo que aún si podía recordar era ¡quien lo había metido en el hospital! Lo que **podía** recordar era el odio que sentía por su madre y ahora por su esposa. Ah, sí que recordaba. Él solo estaba en un estado debilitado que había perdido sus energías. El médico le había dicho que no debía beber más y papá estaba en realidad bastante derrotado. ***Pero ahora tenía un nuevo odio***, ahora le habían echado leña al fuego, por así decirlo. *Su infiel esposa lo había*

"¡Encerrado y olvidado en el manicomio!"

Mientras estuvo en el hospital no se le permitió recibir visitas. No se le permitió a su pastor visitarlo, ni siquiera se le permitió a su propia esposa visitarlo. ¡No, ni una persona!

Él comenzó a atacarnos con preguntas."¿Qué diablos les pasó? Ni siquiera tuvieron la cortesía de visitarme."

Él nos decía: "Yo nunca voy a volver a esa tal por cual% @ # ~ +_..._iglesia de nuevo. ¡Todos ustedes pueden decirle al pastor lo que pienso de él!"

Y luego para empeorar las cosas, volvió a beber. Un poco a la vez, dirigiéndose de vuelta donde había comenzado.

Le gritaba a mamá. "¡Me encerraste y olvidaste! ¿Verdad? ¿Qué vas a hacer ahora, Irene, encerrarme? Eso es, solo enciérrame y olvídame. ¡Muchas gracias por NADA!"

Recuerdo lo decepcionados que estábamos todos. Teníamos tantas esperanzas de que estaría mejor, y cuando él no mejoró, nos dolió. Él estaba un poco mejor, quiero decir, es difícil de creer, pero los tratamientos de choque eléctrico si lograron alguna mejoría.

Después de los tratamientos de choques eléctricos nunca volvió a estar tan airado como antes y no regresó a ser el hombre con rasgos de "loco, desquiciado" que tuvo en el pasado. Ya no era un loco borracho fuera de sí, sin embargo, continuaba con las mismas acusaciones y odios. <u>Nunca</u> fue capaz de olvidar las cosas que odió tanto. Él nunca dejó en paz a mi mamá ni a nosotros. Nunca olvidó quién era ella y lo que él pensaba de ella. Nunca cesó de discutir y acusar. Aun seguía aquel continuo abuso verbal que habíamos escuchado durante tanto tiempo. Sin embargo, el apogeo de la crisis, por así decirlo, había disminuido. Sus sentidos habían menguado.

Cuando mi papá murió a la temprana edad de sesenta años, él había estado lidiando con enfermedades por unos cuantos años. Había dejado de beber tan sólo en los dos últimos años de su vida, por necesidad, y también había dejado de fumar, pero ya era un poquito tarde.

Cuando murió, todos lo atribuimos a su alcoholismo. Eso fue cierto, al menos en su cuerpo físico. Su hígado había cedido, su esófago estaba siendo carcomido y la hemorragia interna no se podía detener. Los galones de whisky y los paquetes y paquetes de cigarrillos habían carcomido su cuerpo y finalmente le quitó la vida.

Sin embargo, esto es lo que creo que pasó. No fue sino hasta más tarde después de su muerte cuando yo estaba reflexionando en su vida que me di cuenta de algo. Me vino una fuerte idea a la que todos debemos estar atentos. Es sólo mi ***opinión***, que papá no murió de alcoholismo. Creo que mi papá también murió a causa de su odio y falta de perdón. El odio había carcomido su vida y el propio veneno de la falta de perdón era mayor que el veneno del alcohol. Creo que

Papá murió de falta de perdón.

Capítulo Siete

Con el paso del tiempo

Falta de perdón, odio, celos y podría seguir. Son males de nuestra naturaleza humana. Estos son sentimientos con los que tenemos que lidiar toda de nuestra vida. Lo qué pasó en la infancia de mi padre se quedó con él toda su vida y, en mi opinión, lo consumió.

Volvamos a la historia. Mi papá estaba en casa después del hospital. ¿Habrá cambio? ¿Podrá superar los dolores con los que tuvo que lidiar? Pronto lo descubriría.

Ahora que estaba en casa, todos íbamos a tratar de reanudar nuestra vida lo mejor que pudiéramos. Regresar a nuestras rutinas esperando que todo mejorara. Todos caímos en la rutina diaria, haciendo lo que fuera necesario para sobrevivir. Ambos, mamá y papá, trabajaban fuera del hogar. Mi hermano, mi hermana y yo nos manteníamos ocupados en la escuela y mi hermano y yo encontramos trabajos a medio tiempo.

El consumo de alcohol de papá aumentó trayendo a luz el pasado cada vez más. Revivía lo que era capaz de recordar, atacándonos a todos con sus palabras.

"Vamos, adelante hijo, ¡enciérrame! ¡Eres igual que tu madre! ¿Por qué no llamas también a la policía, eh?"

No se había olvidado de mucho después de todo y estaba volviendo a sus viejas andadas. ¡Qué decepcionante fue para todos nosotros! ¿Cómo puedo hacerle frente a esto? Todas estas cosas estaban pasando en mi vida y sin duda estaba acarreando bastante dolor. Durante todo este tiempo de mi vida hubo una cosa que descubrí que me gustaba mucho.

***Me encantó el sabor de la cerveza.¡
Me encantaban los sentimientos que recibía cuando bebía!***

Incluso cuando yo era más joven, me di cuenta de que realmente tenía una debilidad por la bebida. Papá estaría viendo un partido de fútbol un domingo por la tarde y me decía: "¡Oye, hijo, tráeme una cerveza!" Yo respondía: "¡Por supuesto que sí, papá!"

Pero antes de llevarle la cerveza a la sala, la abría y la bajaba un buen poco. Yo le entregaba una cerveza a la mitad y él respondía: "Por las barbas de mi abuelo, ¿no pudiste dejar algo para mí?"

Si pudiera haber bebido más, lo habría hecho. ¡Sabía muy bien! Cuando bebía una buena cerveza fría y la bebía rápidamente, mis ojos se llenaban de agua y podía sentir el recorrido del alcohol bajando por mis hombros. Era una buena sensación con sólo un ligero dolor de cabeza. ¡Oh sí, se sentía bien!

Hacia el final de la secundaria obtuve un poco más de trabajo a medio tiempo. Estuve un tiempo aprendiendo a recoger platos de las mesas y a ser un ayudante de cocinero con mi amigo Tom en el restaurante de sus padres. Tuve la oportunidad de trabajar un par de noches a la semana y por supuesto los fines de semana. Aprendí a ser un buen cocinero, si se me permite decirlo, y con este trabajo y otras responsabilidades, realmente no tenía mucho tiempo como para tener citas con alguna chica o para beber en la escuela secundaria. No, yo estaba tratando de ganarme algo de dinero, no me malinterpreten, de hecho, si la estaba pasando bien pero estaba demasiado ocupado como para meterme en demasiados problemas.

Adquirí mi licencia para conducir a los 16 años y eso me ayudó a movilizarme por todos lados por lo que mi hermano y yo logramos prestarle el carro a mamá con frecuencia. ¡Sí, un lindo Chevy Impala, 1962, convertible, 327 Súper Sport! Estaba un poco maltratado, pero nosotros sí que le dimos buen uso, yendo por allí a tomar un par de tragos el fin de semana y a iniciar el éxodo hacia la libertad. ¡Sí, la libertad! No sería sino hasta dentro de unos cuantos años más y yo estaría por mi cuenta y estaría fuera de esa maldita casa. Estaría fuera del dominio de papá, viviendo mi PROPIA vida. No podía esperar a que llegara ese día.

En mi primer año de escuela secundaria, conocí a la chica de mis sueños, Jackie. Jackie acababa de mudarse aquí de otra ciudad. Ambos solo estábamos pasando el tiempo con nuestros propios amigos. Nosotros no empezamos a salir juntos hasta el verano después de que nos graduamos de la escuela secundaria. La acción comenzó realmente hasta ese entonces.

Nos estábamos convirtiendo en adultos. Puedo recordar cómo conforme se acercaba nuestra graduación de la secundaria mi padre me sentó un día y me preguntó:

"Así que, hijo, dime, después de que te gradúes, ¿cuáles son tus planes? ¿Dónde planeas vivir?"

"Bueno papá", respondí: "Pensé que iba a estar aquí por un tiempo, aquí mismo en mi pequeño dormitorio del sótano." (Los gastos se están convirtiendo en un problema y quedarse parecía ser el lugar más barato para vivir.)

Mi padre respondió: "Después de graduarte tendrás que empezar a pagar una cierta cantidad de renta."

"¿Quieres que pague alquiler?", le pregunté.

"Sí, hijo, de aquí en adelante, donde quiera que vivas, tendrás que comprar o alquilar, así que como adulto, vas a empezar por pagar la renta tan pronto como te gradúes."

Pues bien, a pesar de la repentina sorpresa, todavía parecía ser un trato aceptable. Mamá todavía estaría lavando mi ropa, la comida siempre estaba disponible y tuve la oportunidad de tener acceso a la refri de abajo. (Por lo menos, la refrigeradora estaba siempre llena con unas cuantas cajas de cerveza marca Hamm.)

Así que después de la graduación, estaba haciendo regular dinero viviendo en el sótano de mi casa, guardando las latas vacías de cerveza en una bolsa debajo de mi cama. (¿Qué tenía que ocultar?). Fue en esta época cuando mis amigos y yo fuimos introducidos al mundo de la marihuana. Esta cosa sí que era buena y la consumí como si no hubiera un mañana. Yo estaba fumando y bebiendo muchísimo lo cual dio lugar a un montón de problemas y conflictos. Pero a mi joven edad, siendo invencible, (o eso creía yo), tenía el mundo en mis manos y podía lidiar con cualquier cosa.

Luego, tomé mi primer "verdadero" trabajo de construcción de carreteras, echando concreto. ¡No más cocina para mí!

Los viejos amigos empezaron a juntarse poco tiempo después ese mismo verano. Jackie por casualidad estaba allí y me preguntó si quería ir a un concierto. Ella tenía algunas entradas gratis. Nuestra primera cita fue yendo a ver a la banda musical Chicago. Luego la llevé a McDonalds por una hamburguesa y papas fritas. ¡Ah, yo era todo un caballero!

A pesar de esa primera cita… para comer, realmente nos caímos muy bien. Continuamos viéndonos y saliendo a pasar el rato con nuestros amigos, hasta que un día, después de que nuestra relación había crecido, me di cuenta que no quería hacer nada sin ella y la quería en mi vida cada vez más. ¡Me estaba enamorando! Continuamos viéndonos y haciendo cosas juntos cada vez más.

¡Estaba convencido de que esta era la mujer para mí! Un fin de semana fuimos de viaje a Omaha a ver carreras de caballos. Después de las carreras nos fuimos a un restaurante de lujo y fue allí donde le pedí que se casara conmigo. Yo era un bromista por lo que ella realmente dudaba de mi sinceridad.

Ella preguntó: "¿Hablas en serio?" Y otra vez me preguntó: "Roger, es en serio, porque yo no quiero llamar a casa y decirle a mamá y papá que me propusiste matrimonio si estas tomándome el pelo".

"No, Jackie, no estoy bromeando. Te quiero tanto. ¡Te estoy pidiendo que seas mi esposa! ¿Lo harás? ¿Por favor? ¡Te amo!" Yo estaba tan agradecida de que ella respondiera que:" ¡Sí!"

Ahora, en este entonces, algunos de nuestros amigos estaban prestando su servicio militar y otros estaban en casa. Nuestro país estaba comenzando el proceso de ponerle fin a la guerra de Vietnam, lo que significaba para mí, que mi número no sería llamado a filas. Me sentía totalmente seguro de que no sería llamado para prestar servicio. ¡Oh, qué momento tan emocionante. Fijamos una fecha y comenzamos a planear nuestra boda.

Mi jefe, del equipo de construcción, tenía una vieja casa de campo a las afueras de la ciudad la cual yo alquilaba. Esta fue la primera casa que yo alquile. Era en resumen una vieja granja en ruinas, sin agua, sin muchas cosas, pero sin duda era "el lugar genial para vivir." En aquellos *días de hippie* pudimos ser huéspedes de muchas fiestas en la vieja granja.

Todo parecía estar bien. Estábamos enamorados y los dos teníamos trabajos decentes. Teníamos el carro de Jackie, amor y planes para el futuro. ¡Teníamos toda una vida por delante juntos!

Continuamos nuestros planes de boda y una de las decisiones fue que todo fuera sencillo, manteniendo los costos bajos y ahorrar un poco de dinero de la boda para nuestra luna de miel. En primer lugar, pudimos utilizar la iglesia donde mis padres me llevaban cuando era más joven. En segundo lugar, tuvimos la recepción en casa de los padres de Jackie. Fue una gran boda, simple pero muy bien hecha. Lo más importante para nosotros fue que nuestros amigos y familiares pudieron asistir. De hecho fue un tiempo muy especial.

Jackie trabajaba en una floristería local, y yo estaba trabajando en construcción durante el verano y cocina en el club del campo enfrente de nuestra casa en el invierno. Solo éramos nosotros dos y nuestros salarios eran decentes. La vida era buena y habíamos arrancado de buena manera.

EXCEPTO QUE NOS DIRIGIAMOS HACIA EL CAMINO EQUIVOCADO.

Verán… yo había encontrado una manera de ser buena onda. Descubrí que cuando bebía, era un GRAN TIPO, (¡Por lo menos eso es lo que **yo** pensaba!) y el vivir en una vieja casa de campo era casi el mejor lugar para vivir ya que parecía como si todos mis amigos querían vivir en el campo. Nuestra casa se convirtió en el lugar donde todos querían estar y tuvimos mucha compañía allá afuera en esa casa. ¡Siempre había algo de beber y fumar en nuestra casa! Así que vengan y vamos a parrandear.

El alcohol y la marihuana estaban empezando a dominar nuestra vida. Oh, sí, parecía que estábamos pasándola muy bien, pero por todas las razones equivocadas. Una gran ventaja del alcohol para mí era el hecho de que me ayudaba a olvidar. Beber era algo que me ayudaba a bloquear mi pasado. Cuanto más bebía, menos me recordaba de mi infancia. Así que de seguro que fue un escape. Bebía para emborracharme.

El problema estaba en que yo era un tonto cuando bebía. Definitivamente no era un ser capaz de manejar la bebida. ¡En absoluto! Probablemente me enfermaba y vomitaba más seguido que cualquier otra persona. Realmente no tenía por qué estar bebiendo, pero, tenía una reputación que cumplir. ¡Yo era el hijo de mi padre y créanlo, yo sin duda hice mi mejor esfuerzo para demostrarlo! ¡Hasta el fondo y a disfrutar!

"Roger, eres igual que tu padre", decían.

"Muchas gracias. Eh, camarero, ¿qué tal otra ronda? ¡Muchachos, esta ronda corre por mi cuenta!"

Jackie y yo recibimos clases pre-matrimoniales con nuestro pastor antes de nuestra boda. Fue un proceso muy interesante el cual recomiendo a todos los que planean casarse. Realmente puede ayudarle a prepararse para lo que acontecerá en su vida. En una de nuestras sesiones de consejería pre-matrimonia, nuestro ministro se enteró de la cantidad de problemas que enfrenté cuando era niño y me confrontó.

"Roger, ¿cómo es que puedes beber **_algo_** cuando tuviste tantos problemas a medida que creciste por culpa del abuso de alcohol en su familia? Y en segundo lugar, Roger, si odias tanto el licor y lo que éste le hace a la gente, ¿en qué cabeza cabe que juegues con fuego de esa manera? ¿Por qué habrías de beber con un pasado como el que tuviste?"

"No lo sé, Pastor. Nunca había pensado en ello, ¡simplemente lo hago!"

Decidimos casarnos en el otoño pero aplazamos nuestra luna de miel hasta después de la temporada de construcción, el cual sólo era un mes más tarde. Así que los dos nos fuimos directamente a trabajar y comenzamos nuestra nueva vida juntos.

Sólo paso una semana después de nuestra boda cuando fui encarcelado por primera vez. ¡Conduciendo bajo estado de ebriedad! Una semana después de la boda. ¡UNA SEMANA! ¡Qué vergüenza! Tuve que llamar a mi suegro para que llegara a sacarme. Me había puesto enfermo y vomitado en el carro mientras nos conducíamos por la autopista. Alguien me había visto y pensó que podría necesitar ayuda. Una señora llamó a la policía, ¡me detuvieron y me arrestaron! Si que ayudaron, ¡me metieron en la cárcel por esa noche!

Aunque mi suegro vino a la cárcel esa noche, él no logro que me soltaran. Pensé que tan pronto como un adulto viniera yo podría salir de allí, pero yo era un adulto y siendo ahora un adulto, ningún "papito" me iba a sacar de allí hasta que yo viera al juez por la mañana.

"Bueno, ¿qué significa eso?" le pregunté al policía.

Su respuesta: "¡Vuelve allí adentro, jovencito, tú serás nuestro invitado esta noche!" Yo había vomitado sobre mis pantalones de lona, apestaba, tenía resaca, y lo peor de todo era que tenía que enfrentar a mi suegro. ¡Sí, esto era un gran comienzo en nuestro matrimonio! Yo estaba tan avergonzado, pero esa no iba a ser la última vez.

Me junte con dos OMVUI (Manejar un vehículo motorizado bajo la influencia de alcohol). Conduje el carro a una cuneta más veces de las que puedo recordar. Se fueron acumulando cuentas de gastos hospitalarios y honorarios de abogados. Tuve que reemplazar más de un vehículo.

Estaba empezando a preguntarme: "Caray, ¿qué estoy haciendo mal? Ésta bebida realmente nos está afectando a lo grande. Sé que necesito un mejor trabajo, sé que podría estar en un mejor lugar para vivir. Sé que las cosas podrían ser mejor para nosotros."

Sin embargo, en mi mente, **la bebida** no tenía la culpa de ninguna de estas cosas. No, ciertamente la bebida no era la culpable, sino todas las otras cosas en mi vida que estaban mal.

**¡No, seguro que la bebida no era el problema!
¡El problema eran todas las otras cosas
y las demás personas en mi vida!**

Capítulo Ocho

Los Bebés

Esperamos tres años antes de empezar una familia. Queríamos estar seguros de que éramos el uno para el otro y que nuestro matrimonio iba a funcionar antes de tener algún bebé. Y finalmente sucedió. Una noche cuando regrese a casa del trabajo, ¡escuché las buenas noticias!

"¿Estás qué? ¿Qué dijiste, cariño? ¿Estás embarazada? ¡Caray, eso es taaaan grandioso! ¡Qué sorpresa! ¿Qué dijo el doctor? Dime, ¿va a ser un niño o una niña, lo saben ya? ¡Ala, estoy tan emocionado! "Casi no me podía contener. ¡Iba a ser padre!

Jackie respondió: "¡No… momento! Es demasiado pronto para saber si es niño o niña, pero cariño, incluso si nos pudieran decir, preferiría no saberlo. Vamos a hacerlo a la antigua. Averiguaremos si es un niño o una niña cuando nazca, ¿de acuerdo? ¿Está bien?"

"Claro, claro, estoy totalmente de acuerdo. Claro que sí. Caray, hay bastante que hacer. Tendremos que alistar el dormitorio y empezar a hacer compras de cosas de bebé. Oye, tengo una idea, vamos a celebrar. ¡Hagamos una fiesta! ¡Pongámonos en onda!"

"Roger, no puedo. El médico dijo que mientras esté llevando este bebé en mi no debo beber o fumar. Ya sabes, tengo que cuidar de los dos ahora."

"Ah, bueno, sí, es cierto, tienes que cuidar al bebé, ¿verdad? ¡Bueno, eh, supongo que yo aún podría ponerme en onda! ¡Sí, esto es tan emocionante! Vamos a llamar a nuestros padres, a nuestros amigos, y bueno, ¡tengamos una fiesta!"

Ahora estábamos viviendo en nuestra segunda casa de campo y era mucho más bonita que la primera. Tenía una gran vista al río del valle y la propiedad tenía unos pocos edificios afuera. Podíamos calentar la casa con leña, cocinar con leña, y sacábamos agua del pozo. ¡Ala! Esto era realmente regresar a lo primitivo, como solían decir. ¡Era genial regresar a los primeros rudimentos y nosotros lo estábamos haciendo!

Habían pasado ya casi cinco años desde que viví en casa. Durante ese tiempo se mejoró la relación con papá y mamá. Nos veíamos de vez en cuando y tratábamos de hacer algunas cosas juntos. Por ejemplo, papá tenía un jardín afuera de la granja, así que las cosas habían mejorado un poco con el tiempo.

Una noche, después de trabajar en el jardín, estábamos sentados en el pórtico de atrás de la casa tomando un trago y mi papá quería hablar.

"Hijo," él dijo, "Tengo una pregunta para ti; he estado pensando, ¿Cómo vas a calentar tu casa después de que nazca el bebé? Quiero decir, quizás la calefacción con madera sea "lo tuyo" y supongo que han estado de acuerdo tu y Jackie, pero vas a tener un bebé, ¡mi nieto! ¿Qué piensas de eso?"

"Bueno, papá, probablemente vamos a continuar usando madera para la calefacción de la casa."

La respuesta de mi padre fue extraordinariamente fuera de lo normal. Se puso de pie y con voz de mando, recia y prepotente dijo: "No, no lo harás. Déjame que te diga algo, necesitas cambiar tus costumbres, tienes que empezar a ser un adulto responsable y ningún nieto mío va a ser criado en este tipo de ambiente; es demasiado peligroso."

Lo pensé por un momento y respondí: "Bueno, déjame pensar. Dime, ¿qué usabas para calentar la casa cuando estabas creciendo papá?"

"Bueno, ah… mm… veamos. ¡Ja! Creo que teníamos una vieja caldera de carbón en la planta baja de la casa y utilizábamos algo de leña y carbón, hmm…bueno, supongo que si lo hacíamos así, era aceptable."

Jackie y yo éramos los rebeldes de la época y ¡teníamos nuestra fama! Sí, teníamos calefacción con leña, cultivábamos un jardín y vivíamos de la tierra. ¡Fue la era de los hippies! "¡Dale una oportunidad a la paz!" "¡Cese a la guerra!" ¡Éramos anti-conformistas, en contra del sistema, no confiábamos en nadie que tuviera más de treinta años, y todo ese tipo de cosas!

¡El bebé estaba creciendo y Jackie estaba muy bien! Finalmente, llegó el momento de dar a luz. Me apresuré a llevar a Jackie al hospital justo a tiempo. Todo salió bien en el parto y después de que pasó toda la emoción, ya pude llamar a todos nuestros padres.

Llamé primero a mi papá. "¡Tengo grandes noticias, papá! Eh, eh, sí, acaba de nacer el bebé. ¡Tú y mamá son ahora los orgullosos abuelos de un varoncito! Sí, sólo hace un par de horas, alrededor de las seis p.m. Sí, todo salió bien. ¿Cómo le vamos a poner? Le pusimos Andrew [Andrés] Kenneth Miles, por sus tres bisabuelos. ¿No es genial?"

Sí, ahora teníamos un bebé sano en nuestras manos y todo el mundo estaba feliz por nosotros.

Todo nos iba bien hasta que en el siguiente verano recibimos el aviso de desocupar nuestra casa. ¿Por qué, le preguntamos a la dueña? De seguro no podría haber sido por los pollitos que teníamos en la sala. No podría haber sido por causa del invernadero (una habitación de mota) que teníamos en el armario de arriba. No, simplemente resultó que la hija de la dueña se iba a casar y esta iba a ser su nueva casa.

Nos tomó por sorpresa. No sabíamos lo que íbamos a hacer. En lugar de simplemente encontrar otra casa, nos aprovechamos de esta desgracia para hacer un cambio en nuestra vida. Renunciamos en nuestros trabajos y nos fuimos de viaje. Cargamos nuestro pickup Chevy modelo '70, le instalamos el camper y nos fuimos a visitar a unos amigos en Arkansas. Después de eso fuimos a ver a otros amigos, pasamos un tiempo por aquí y por allá, y todo el tiempo llevando a nuestro hijo de un año Andy. [Andresito]

Los problemas con la bebida no se desaparecerían así por así. Recuerdo una noche cuando estábamos en Arkansas visitando a nuestros amigos y nos habíamos quedado sin cerveza. Ya eran las 11:30 de la noche. Le pregunté a mi amigo Marty donde podíamos conseguir un poco más. Me enteré por él que sólo estaba a una hora de distancia de la frontera del condado. Lo malo era que estábamos en un condado con ley "seca" y tendríamos que viajar a un "condado sin ley seca" con tal de obtener algo más para beber.

¡Así de simple! le dije: "¡Está bien! Oye, ¡vámonos!"

Jackie tenía otras ideas. Ella me llevó al dormitorio de al lado para que pudiéramos discutir esta situación en privado. Ella hablaba y hablaba, pero yo no daría marcha atrás. Yo insistía en que podríamos ir y regresar en un ratito. ¡Yo realmente creía que necesitaba algo más para beber! Pero entonces, para mi sorpresa, ella balanceó su puño y me golpeó duro en el hombro izquierdo. ¡Ella estaba furiosa! Bueno, no hace falta decirlo pero eso me calmó. No viajamos a la frontera del condado esa noche.

Unas semanas más tarde volvimos a casa en banca rota. Tuvimos que empezar a buscar trabajo y también tuvimos que quedarnos por un tiempo en casa de mis padres, lo cual no ayudó a la situación. Tuvimos suerte y encontramos otra casa de campo en el mismo barrio que la anterior. Recupere mi antiguo trabajo en la pedrera y nos establecimos de nuevo. Luego Jackie quedó embarazada por segunda vez.

Sí, la emoción estaba en el aire otra vez. Íbamos a tener otro bebé. ¿Cómo le vamos a poner a éste bebé? Bueno, yo tenía una idea si era un niño. Cuando yo era niño y estaba creciendo, a unas cinco casas arriba de la nuestra, vivía unos de mis mejores amigos, Bobby, cuya vida familiar fue similar a la mía. Por desgracia, mi buen amigo Bobby se suicidó unos años después de la escuela secundaria.

Me dije a mí mismo: "Sabes, si tenemos otro varoncito, le pondré Bobby, porque Bobby fue un buen amigo." Nuestro segundo hijo resultó ser un varón y le pusimos Robert Allen. Nuestra familia ahora estaba completa. Todo estaría bien de ahora en adelante… ¡eso creía yo!

Jackie y yo estábamos teniendo demasiados problemas. Yo estaba emborrachándome muy a menudo. Estaba faltando mucho al trabajo y seguíamos teniendo peleas. Estaba empezando a perder el conocimiento con frecuencia y estaba perdiendo la noción de cualquier cosa que estaba haciendo. Me encontré a mí mismo incapaz de explicar o recordar mis acciones, al igual que mi padre lo había hecho.

A media noche, cuando tenía que ir al baño, no sabía dónde estaba y entonces me iba a donde quiera. Jackie se levantaba y me sacudía diciendo: "Roger, ¿qué demonios estás haciendo? ¿Te das cuenta de lo que estás haciendo?"

O bien, una mañana cuando me desperté Jackie me preguntó: "Roger, dime, ¿dónde está el carro? No está en la entrada. ¿Qué pasó?"

Pensaba fuertemente por un largo tiempo pero no podía generar una respuesta. Teníamos que salir y tratar de recordar las paradas de la noche anterior para intentar encontrar nuestro carro. ¿Estaba en la cuneta? ¿Lastimé a alguien? ¿Mate a alguien? No tenía ni idea.

Una mañana, después de otra fiesta y otra pelea, me desperté enfermo y sin poder ir al trabajo. Jackie ya se había ido a su trabajo y mientras tomaba mi café matutino, miré de reojo y vi una nota en la mesita del café. Era de Jackie. Lo abrí y empecé a leerlo. Ella me decía cuanto temía por nuestro matrimonio. Que yo era demasiado parecido a mi padre y que ella no podía ver cómo este matrimonio iba a funcionar más tiempo al menos que hiciéramos algunos cambios seriamente. Ella temía por la seguridad y el bienestar de nuestra familia.

He guardado esa nota hasta este día.

Allí estábamos, en medio de una crisis. Había tensión en nuestro matrimonio. Mi salud estaba decayendo y estábamos viviendo una pesadilla. Las cosas habían estado sucediendo ya por algún tiempo y estaban de un hilo. Yo quería que algo fuera real, por una vez.

Hay una cosa que nunca he tolerado en mi vida, y es la hipocresía, la aborrecía. Y sin embargo, me parecía que eso era exactamente lo que estaba viviendo. Jackie y yo habíamos tratado de ir a la iglesia en varias ocasiones de nuestra vida matrimonial y le había pedido varias veces a Dios que me ayudara con mi problema de la bebida. Pero ahí estaba yo, dándole la cara a un amenazante divorcio. Yo estaba en problemas; demasiado borracho y ebrio muy a menudo, no puedo describir el vacío y la desesperación que sentía; ya había tenido suficiente.

Todo esto llegó a su clímax una noche. Habíamos salido a cenar con unos amigos, y como siempre, después de muchos tragos, teníamos que encontrar nuestro camino a casa. Estábamos teniendo otro alegato en el carro. ¡Vaya vida, pensé! Después de que llegamos a casa, nos gritamos el uno al otro hiriendo los sentimientos uno del otro. Salí a fumar un cigarrillo para calmarme. Tomé otra cerveza.

Yo estaba dando vueltas en el patio y estaba enojado. Enojado de cómo iba nuestra vida. Estaba enojado con Dios por no hacer nada al respecto de toda esta situación. Quiero decir, yo le había pedido, ¿recuerda? Le había pedido que cuidara de mí y de mi familia. Y allí estaba yo, ¡haciendo justo lo que no quería hacer! ¡Yo estaba furioso!

Ya era tarde y al fin estaba empezando a desacelerarme un poco. Levanté la vista hacia las estrellas. Yo estaba tan agotado. Bebiendo, pero ya no obtenía ningún placer. Me senté, enojado con Dios y conmigo mismo. Me sentía tan vacío que realmente no quería seguir adelante. Entonces, en mi ira y desesperación, comencé a enojarme con Dios.

Le dije: "DIOS, ESTO TIENE QUE IR EN UNA O EN OTRA DIRECCION. ME AYUDAS ¿O NO? AL PARECER NO VAS A AYUDARME Y UNA COSA SI NO SOY, NO SOY UN HIPÓCRITA, ASÍ QUE SI ESTA ES LA MANERA EN QUE VAN A SER LAS COSAS, ENTONCES, DIOS, ¡TE REPUDIO! AL IGUAL QUE MI PAPÁ ME HABIA REPUDIÓ, ¡YO TE REPUDIO! YA NO AGUANTO MÁS, NO HAY DOS VIAS PARA ESTO. YA NO MÁS DE ESTO, ESTOY ACABADO, DÉJAME EN PAZ. SUPONGO QUE TENDRÉ QUE RESOLVER ESTO POR MI CUENTA. SIGUE TU

CAMINO Y YO SIGO EL MIO. GRACIAS... ¡POR NADA!"

Me sentía tan solo y vacío. ¡Yo estaba espiritualmente muerto! No tenía esperanza, ni vida, ni nada por qué vivir. No sabía qué hacer. Yo quería que esto terminara.

¡Yo quería que esto terminara!

Capítulo Nueve

¡Mayday! ¡Mayday!

Alquilábamos una casa de campo en aquel entonces y me puse a pensar que si nos comprábamos una casa sería mejor para nuestro futuro. Después de buscar un poco encontramos una casa para comprar. Eran 48.28 kilómetros al sur, había que manejar un poco más para llegar al trabajo, sin embargo, era una casa que si podíamos costear. Además, a veces un cambio de ubicación puede ayudar. Compramos esta casa y nos mudamos allí para invertir en algunas ganancias. Mudarse a una nueva ubicación ayudará a nuestra vida familiar también, estoy seguro de eso.

Nos mudamos a nuestra nueva casa en una nueva comunidad. 48 kilómetros debe ser suficientemente lejos. Mis viejos amigos no podrían venir a visitarme tan seguido como antes y yo estaría lejos de ese ambiente y tal vez, sólo tal vez, podría reducir mi consumo de alcohol y las cosas mejorarían.

¿Las cosas mejoraran? No tengo miedo. Nada realmente cambió. De hecho, después de la mudanza me sentía en primer lugar realmente enojado con mi decisión de habernos mudado. No me gustaba la casa a la que nos habíamos mudado y quería salirme de allí. Quería que todo volviera como era antes. Empecé a buscar otra casa de campo para alquilar que estuviera más cerca de la ciudad.

Una noche, después de parar en la taberna a tomar unos tragos, decidí manejar por las carreteras del área rural en busca de un nuevo lugar para vivir. Me dio sed mientras conducía, así que me detuve para comprar otro 6-pack. Seguí conduciendo en busca de una casa de campo para alquilar. Había bebido demasiado y comencé a perder el control de mi carro mientras iba conduciendo por el camino de terracería. Perdí el conocimiento mientras conducía y choqué contra un puente.

Allí estaba yo, noqueado y solo. Encima de todo, acababa de comprar este carro hace tan solo dos meses. Ahora estaba sentado en mi carro con la cabeza apoyada sobre el volante, y sangre salía rebosando de mí frente al piso del carro. Ya estaba oscureciendo y atrasado para llegar a casa. Jackie no tenía ni idea de dónde estaba y nadie sabía dónde estaba.

Por suerte, alguien finalmente condujo por allí y vieron lo que había sucedido. Una llamada telefónica fue hecha para que una ambulancia viniera. Me dijeron que hasta la gente de la ambulancia tuvieron problemas para encontrarme. Pero al final me encontraron y me dieron la atención que necesitaba y me llevaron a un hospital. Luego, el hospital hizo la llamada telefónica para que Jackie supiera dónde estaba. Después de hacer arreglos para que mi madre llegara a cuidar a los niños, ella pudo ir al hospital a recogerme.

Antes de ser dado de alta esa noche, el médico a cargo entró en mi habitación. Me aconsejó que realmente debiera buscar alguna ayuda para dejar de beber, ya que este había sido un accidente muy grave. Tenía una pierna golpeada con cortes en la frente y tuve que usar muletas durante dos semanas.

Me multaron con otro OMVUI [manejo en estado de ebriedad] y los problemas financieros y legales continuaron. No pude trabajar durante dos semanas y tuve que responder a algunas preguntas muy embarazosas.

A tarde, mientras yo andaba por allí, me detuve en una cafetería/taberna de la localidad para conseguir una coca. Llegué cojeando con mis muletas, herido y adolorido, y el dueño me miró y dijo: "¿Qué le pasó?"

Avergonzado, le respondí: "Me hice esto yo mismo."

"¡YO ME HICE ESTO!"

En ese entonces, mi madre estaba siguiéndome el caso, diciendo: "¡Hijo, más vale que dejes de beber! ¡Te vas a matar! ¡Mira lo que estás haciendo! ¿Por qué no dejas esta tontería y te enderezas?" "Lo sé, mamá, lo sé, pero esto fue un accidente. Yo puedo controlarme, ¡esto fue sólo un accidente!" Seguí diciendo a mí mismo: "¡Esto fue sólo un accidente!"

Pero tendría que hacerlo mejor, ya que me estaba diciendo a mi mismo que yo podría beber menos y tener más cuidado. Mamá me dijo una y otra vez que tenía que dejar de beber.

Una noche llamé a mis amigos, Tom y Ellen, para ver cómo estaban y contarles lo que había pasado. Ellen soltó bruscamente una declaración antes de que pudiera pensar en lo que estaba diciendo.

"Siempre estás haciendo eso. Siempre estás arruinando carros o metiéndote en problemas. ¡Estás bebiendo demasiado!" Después de una breve pausa, ella dijo: "¡Ay, no! Roger, espera, lo siento. ¡No quise decir eso!"

"No, no, está bien", le respondí. "¿Sabes algo? Tienes razón. Tienes absolutamente toda la razón. Probablemente debería dejar de beber. Cuando tenga que hacerlo, lo haré, pero aun no estoy tan mal que digamos."

Estaba empezando a recibir muchos comentarios sobre mi forma de beber. ¡Amigos dándome a entender que mejor debía tener cuidado!

En otra noche, mi hermano vino de visita y estábamos cocinando unos filetes afuera, y por supuesto, estábamos bajándonos unas cervezas antes de cenar y nos quedamos sin bebidas. Recuerdo que le dije a mi hermano, "Necesitamos ir a buscar más cerveza o tengo que ir a una reunión de AA." [Alcohólicos Anónimos]

¡Otra indirecta propia! ¡Hmm! ¿Dejar de beber? Yo no conocía a **nadie** que no bebiera. En mi opinión, si alguien no bebía, seguramente eran ¡cerebritos, verdaderos religiosos, o simplemente eran raros!

En ese entonces yo estaba bebiendo tanto que perdía el conocimiento con frecuencia. Desafortunadamente, a veces traté de usar eso como una excusa. Me despertaba y decía: "No, cariño, lo siento, simplemente no lo recuerdo, sinceramente." No es que me lograra hacer el quite siempre, pero parece que funcionó por un tiempo.

Me pregunté. ¿Será que ya habré empeorado lo suficiente? ¿Será que conducir mi carro hacia una cuneta, tener multas o ser arrestado era lo suficientemente malo aun? Me estaba lastimando físicamente al manejar y estaba faltando al trabajo y no sabía que estaba haciendo o ¿a dónde iba? Estaba mintiendo acerca de la cantidad que bebía y cuando lo hacía. Encima de eso, estábamos teniendo peleas con Jackie. Ella quería que esto terminara, eso era un hecho.

En repetidas ocasiones me preguntaba: "¿Ya habré tenido lo suficiente?"

Todo llegó a un punto crítico la noche de un viernes. Jackie y yo estábamos cenando en una fiesta. Me había puesto mi traje y corbata y Jackie llevaba un bonito vestido de noche.

Este era el tipo de fiesta que me gustaba, una cena de sentarse en una habitación privada. Tenía la esperanza de que hubiera un bar abierto donde pudiera beber todo lo que quisiera, bajarme un poco de whiskey con una buena cerveza, buena comida y buen compañerismo. Este era lo último en la vida de un bebedor. A veces tenía que sofisticar mi adicción. Quería creer que esto era lo que el resto del mundo hacia y que estaba bien.

No me llevó más que unos tragos de whisky y unas cuantas más cervezas cuando alguien hizo un comentario ofensivo. Eso me molestó y fui ofendido. "¿Qué es lo que él cree que está haciendo al hablarme de esa manera?" pensé. Realmente me enoje así que bebí un poco más. Luego, en el camino a casa, empecé a decirle a Jackie justo lo que pensaba de esa persona.

Después de haber llegado a casa seguí bebiendo. También continué desahogando mi ira con Jackie. Los chicos ya estaban en la cama y comencé a levantar mi voz un poco más. Yo estaba diciéndole, algo que no valía ni un centavo, acerca de lo que había ocurrido en la fiesta y empecé a ser un poco violento. ¡Me quité el saco y lo tiré al suelo! Luego me fui tras mi esposa. Yo la estaba confrontando y empecé a señalarla con el dedo empujándola contra la pared. Yo estaba furioso y fuera de control.

A medida que continué gritándole me di cuenta de que mi puño estaba alzado. Las cosas se estaban saliendo de control. De repente me di cuenta de que alguien estaba detrás de mí. Andy, nuestro hijo de tres años, estaba despierto y se había salido de su cama y me jalaba la pierna del pantalón. Estaba llorando y asustado. Quería que se detuviera lo que estaba pasando. ¡Él no sabía lo que mamita y papito estaban haciendo!

"¡Papito, detente! ¡Papito, detente!" Él estaba llorando. Me di la vuelta en mi ira y levanté la mano, listo para darle un revés, y le grité: "¡CALLATE LA BOCA Y VUELVE A LA CAMA ANTES DE QUE TE DE UNO! ¡REGRESA A LA CAMA, Y QUIERO DECIR AHORA!"

¡Me había convertido igualito a mi padre!

CAPÍTULO DIEZ

La oración de un niño-¡contestada!

¡ME HABIA CONVERTIDO IGUALITO
A MI PAPDRE!

¿A dónde puedo acudir? ¿Qué podía hacer? Yo era el vivo retrato de mi padre con TODAS sus características y no se veía bien. Esta fue la última gota que derramó el vaso. Mi matrimonio estaba en peligro. Yo mismo me estaba lastimando físicamente y mi cuerpo y mi mente estaban pagando el precio. Más vale que esto pare; nunca tuve la intención de que esto sucediera en mi vida.

Día tras día, semana tras semana las cosas siguieron por el mismo camino. El ciclo parecía irreversible. Jackie se llevó a los niños fuera de la ciudad a la casa de una amiga para visitarla durante una semana. ¿A dónde estaba yendo esto? Sin embargo, a pesar de que yo estuve solo toda la semana, seguí bebiendo, pero también me pasé bastante tiempo pensando.

Al final de esa semana Jackie volvió a casa. Tratamos de hablar y resolverlo y reconciliarnos, pero las cosas no habían cambiado mucho de todos modos, al menos no en ese momento.

El patrón continuó. Era otra mañana con otra resaca. Yo estaba empezando a tener los nervios alterados y a padecer de temblores. Desde luego, no podía ir a trabajar así. Así que iba con Jackie y le preguntaba: "Jackie, cariño, ¿podrías por favor llamar al jefe y decirle que no puedo ir a trabajar hoy?"

Ella respondió: "Llámalo tú mismo. Tú eres el que está enfermo. Yo no soy tu madre. Roger, ¡Nunca más voy a seguir tapándote!"

¡Ay, no! pensé. Esto no es bueno; ahora Jackie ni siquiera va a inventar excusas ni poner la cara por mí.

No fui a trabajar e hice planes para ir a la ciudad a tomar un buen y sustancioso desayuno. Los alimentos sólidos por lo general ayudan a calmar los nervios.

Conduje a la ciudad y desayune muy bien. Tuve unas cuantas tazas de café, huevos y algunas croquetas de papa, pero no podía hacer que desapareciera la tembladera. Me sentía muy mal. Me di cuenta de que tenía que hacer algo acerca de la bebida y HACERLO AHORA. Sin embargo, también sabía que no necesariamente quería dejar de beber por completo, sino que realmente necesitaba disminuir el consumo. Bajar la velocidad lo suficiente como para arreglar las cosas, al menos temporalmente. ¿Dónde pudiera ir a conseguir ayuda?

Opción uno: ¡La iglesia! Desde luego, no iría a ninguna iglesia. Esto ni siquiera estaría dentro de las preguntas. Yo ya le había puesto punto final a eso. Yo no tendría nada que ver con Dios, y viceversa.

Opción dos: Podría hacer una cita con el médico. Tal vez un médico podría ayudarme. Tal vez podría darme algún medicamento y podría llegar a sentirme mejor. Pero eso implicaría dinero, dinero que no tenía. ¿Qué otra cosa podía hacer? Tenía que hacer algo. Había demasiado en juego. Y yo sólo necesitaba sentirme mejor, rápidamente.

Tercera opción: Tal vez podría ir a ver a alguien en ese lugar… ¿qué le dicen? El lugar donde se reúnen los alcohólicos. Tal vez ellos podían ayudarme. Realmente yo no tenía un problema, pero de nuevo, quizás al menos podrían darme un consejo.

Mientras manejaba por allí, decidí buscar una cabina telefónica para buscar el número de teléfono de una oficina de la localidad y hacer una llamada telefónica.

Espera un minuto… ¿Estaba seguro de esto? Dudé. De seguro que debe haber otro camino, otra respuesta a este problema. Mi mano temblaba mientras tomé el auricular del teléfono. No, indudablemente, supongo que no había otra forma en este momento. Tengo que hacer esa llamada.

"Hola, ¿puedo ayudarte?"

"Sí, eh, hola, sí…me preguntaba, me preguntaba si podría reunirme con alguien para hablar acerca de…. mí… problema con el alcohol. ¿Hay algún consultor o consejero o alguien que pudiera ver en algún momento?"

"Bueno, señor, usted verá, no es necesario acudir a un consultor. Además, no hacemos citas, pero puedo referirlo a una reunión de la localidad en la ciudad. ¿Tal vez le gustaría ir a una de esas reuniones?"

"¿No necesito ver a alguien de primero, como para, pre-calificar? Lo que quiero decir es que, sólo quiero hablar."

"¡No!", dijo ella, riéndose un poco. "Usted sólo tiene que presentarse en una reunión y allí habrá alguien que le pueda ayudar."

"Bueno, está bien, si eso es lo que cree que debo hacer. ¿Sabe dónde puedo ir a una reunión?"

"Un momento, déjeme echar un vistazo. Ah, sí, de hecho, hay una que iniciará en breve. Si se apura, podrá lograr entrar a esta reunión. Déjeme que le diga dónde queda este lugar."

Después de recibir las instrucciones y la dirección le dije: "Bueno, creo que voy a ir echarle un vistazo. Muchas gracias."

En realidad estaba poniéndome un poco emocionado. Un pequeño rayo de esperanza estaba viniendo hacia mí. Quiero decir que, tal vez podría haber algo que pudiera hacer para darle un giro a todo esto. Tal vez ellos podrían ayudarme.

Llegué al punto de encuentro y pensé que tendría otro cigarrillo antes de entrar. No tenía ni idea de qué esperar. Estaba nervioso, sin embargo, yo estaba ansioso por entrar y ver lo que estaba pasando.

Al acercarme a la puerta principal, me dije a mí mismo: "Me estoy volviendo loco." Yo había pensando que iba a ver a un juez o alguien en una oficina y que me aconsejarían en privado en cuanto a que tenía que hacer.

En vez de eso, entré en una habitación llena de gente. Había bastante plática y risas en la habitación. Si estos hombres y mujeres eran alcohólicos, por lo menos, parecían felices.

Había gente allí de diferentes ámbitos de vida. Parece que todo el mundo estaba bebiendo café y fumando cigarrillos. Yo no conocía a ni un alma. ¿Qué debería hacer? La reunión estaba a punto de empezar y todos estaban acomodándose tomando un asiento en la mesa de reuniones.

Me invitaron a unirme a ellos. Tomé una taza de café y me senté. Escuché a bastantes personas que compartieron su historia. Estaban contando historias de cómo era cuando ellos estaban bebiendo y me quedé en estado de shock. Me pregunté si podría relacionarme con alguna de estas historias.

"¡En realidad no!", pensé.

Estos tipos tenían grandes problemas. Escuché una historia tras otra y llegué a la conclusión de que yo no era tan malo. Estos hombres eran quienes realmente tenían los problemas. Pero me di cuenta de que yo podía llegar a ese punto. Era sólo cuestión de tiempo, supongo. Finalmente, después de una hora de esto, la reunión había terminado.

Me dije a mí mismo: "Ok, salgámonos de aquí. Ya es suficiente. Adiós, hasta luego."

Mientras me dirigía hacia afuera, se me acercaron dos hombres mayores de aspecto de buena gente, y me preguntaron si me gustaría otra taza de café. Me preguntaron si tenía tiempo para sentarme un rato y platicar o ¿tenía que regresar al trabajo?

"Bueno", respondí, "no, en realidad me he tomado el día libre en el trabajo, así que supongo que tengo el tiempo."

Así que tome otra taza de café y supuse que ya que había llegado tan lejos, que más me daba sentarme un rato y escuchar lo que estos hombres tenían que decir. Ellos parecían haber tenido éxito en su lucha contra el alcoholismo.

Al sentarme me preguntaba, ¿Cómo lo habrán hecho? ¿Qué era lo que estaba ayudándoles a ser exitosos? La conversación comenzó bastante inocente pero luego fuimos directo al grano.

"Así que, Roger, ¿cree que tienes un problema con la bebida?"

"Bueno", respondí, "No lo sé con seguridad. Lo que sí sé es que no quiero sentirme de esta manera nunca más. Estoy totalmente cansado de todos los problemas que he tenido con la ley y con mi esposa. Pero dejar de beber en su totalidad, hombre, ¡no lo sé! ¿Es eso incluso posible? Quiero decir, no puedo imaginarme llegando tan lejos. ¡Realmente sólo quiero arreglar mis problemas!"

Estos dos hombres comenzaron a compartir conmigo sus historias de los días en que consumían alcohol. Ellos compartieron sus luchas y sus victorias con el alcohol.

¿Cómo es que estos dos hombres permanecieron sobrios? ¡Eso es lo que quería saber! ¿Será que solo envejecieron hasta que su cuerpo no pudo aguantar más? ¿Se enfermaron tanto?

Empezaron a decirme que si quería tener éxito en dejar de beber o de hecho, si yo quería tener victoria en cualquier área de mi vida **sólo había una respuesta que había funcionado para ellos.**

La respuesta que me dieron fue que yo tendría que tener a Jesucristo en mi vida. Él podía y me librará de mi alcoholismo. ¡Sólo él podría y sería mi respuesta!

Ellos continuaron diciendo que era solo Dios el Padre quien me cambiaría por dentro para que tuviera victoria en mi vida. También me hablaron de un despertar espiritual. Dijeron que sería necesario tener una experiencia espiritual, un encuentro con Dios, para ser capaz de superar el poder de la enfermedad del alcoholismo.

Tengo entendido que testificar de esta manera no es recomendado en este programa. Creo que tienen ciertas directrices que seguir. Se permitió el uso de la palabra 'Dios' para ser más general o aceptable y de esta manera nadie en específico se ofendería y de así cualquiera podría aceptar lo que el programa tiene que ofrecer. ¡Y este es un programa que funciona!

Algunos alcohólicos han tenido problema con su religión, o su iglesia y ya no han querido tener nada que ver con la misma, así que, para poder atender a los alcohólicos, les ha resultado útil hablar de Dios en términos generales. La idea era hacer lo que fuese necesario para lograr que alguien entrara y se encaminara en el camino de la recuperación.

Tengo una alta estima por este programa. Sin ella, no puedo imaginar dónde estaría. Ese grupo salvó mi vida.

¡Pero estos dos hombres me predicaron acerca de Jesús! Me dijeron que tenía que tener una experiencia espiritual para superar las adicciones en mi vida. Así como el fundador de esta organización también tuvo una experiencia espiritual, era necesario que cada uno de nosotros tuviéramos nuestra propia experiencia espiritual. Una relación con Dios sería necesaria para encontrar la paz.

¡Ala! Parecía como si hubiera regresado al punto de partida; me estaban hablando acerca de Dios. Escuché y recibí lo que tenían que decir, pero, yo ya había dada por terminada mi comunicación con Dios esa noche en la granja. Así que les di las gracias por su tiempo y les dije que iba a pensar en lo que me habían dicho.

Me fui al carro y comencé a regresar a casa. Yo estaba reacio a recibir lo que me habían dicho. Al mismo tiempo, algo estaba sucediendo dentro de mí. Sentía ese rayo de esperanza que de alguna manera algo iba a cambiar. Este día había estado lleno de incidentes. Yo había empezado el día borracho y ahora estaba lúcido y pensando en todo lo que había ocurrido.

Mi mente daba vueltas, repasando lo que habían dicho. Yo no podía evitarlo. Estaba pensando, tal vez debería abrirme a la idea y dejar de tratar de arreglar todo esto por mí mismo. Tal vez Dios **si** está dispuesto a ayudarme después de todo. A lo mejor si le importo.

Mientras manejaba por la carretera, todo comenzó a tener sentido. Creo que sentí la presencia de Dios allí mismo en el carro. Sentí esta fuerte atracción para recibirlo, para escucharlo y para someterme. Pero, ¿cómo iba a hacerlo? ¡Era yo quien lo había negado y rechazado! ¡Yo le había dicho que se alejara de mi vida! Sin embargo, allí estaba Él. Su presencia estaba conmigo allí mismo en el carro. Le había dado la espalda y estaba resentido con Él, y a pesar de todo, ¡allí estaba! Simplemente no lo podía creer.

Su amor fluyó en mi corazón y en ese momento me di cuenta de que la oración que había orado a Dios, a la edad de doce años había sido escuchada. Él estaba contestando mis oraciones. Era como si él me estuviera diciendo: "Nunca te dejaré. No me importa lo que hayas o no hecho. Yo siempre te amaré. ¡Yo soy tu Padre y mi amor por ti es para siempre!"

Entonces me di cuenta de que mi oración había sido recordada y que Él había tenido su mano en mi vida **todo el tiempo**. ¡Todo el tiempo! Nunca me había dejado ni abandonado. Él me amaba… ¡incondicionalmente! Fui invadido con su presencia. ¡Sentí una paz que nunca había sentido antes!

La oración de un pequeño niño, dicha hacía unos quince años a altas horas de la noche, había sido contestada.

Este fue el comienzo de mi nueva vida, una vida siguiéndole y estando en Sus caminos. Fue el comienzo de un largo viaje que saldría a caminar el resto de mi vida, pero era el camino que iba a tomar desde ese momento en adelante. Fue un momento muy emocionante.

Tengo que hacerle saber que Él también contestará sus oraciones. Todo lo que tiene que hacer es hablar con Él. Él no le ha abandonado. Él no le ha dejado.

Él le ama. Lo dice así justo en la Biblia. Invite a Jesús en su corazón y en su vida. Él está ahí para usted. Él le ama incondicionalmente. Su amor es más grande que cualquier cosa que puedas haber hecho en el pasado y su amor supera todo lo que aun podrías hacer en el futuro.

Adelante, habla con Él. No puedo pensar en un mejor momento para hacerlo.

Padre, en el nombre de Jesús, le doy gracias por quien tú eres y todo lo que eres. Te agradezco que le preocuparas TANTO por mí que diste a su hijo Jesús en la cruz por mí.

Me arrepiento de mis pecados. Sé que levantaste a Jesús de entre los muertos y que Jesús está vivo. Recibo a Jesús en mi corazón como mi Señor y Salvador. Seguiré a Jesús para que Él me guie en sus caminos. Estoy agradecido por mi vida y por el propósito que has puesto en mí.

Gracias por salvarme. Amén.

Soluciones

Capítulo Once

Insistiendo

El día que mi vida comenzó a dar un giro fue el día en que me di cuenta de que Dios realmente se preocupaba por mí. Este es el día en que comencé a tomar un nuevo rumbo en mi vida. Podríamos decir que la experiencia ese día en el carro era un *milagro*, pero las cosas no habían terminado allí. En otras palabras, mi liberación no fue instantánea. No, hubo mucho trabajo que hacer. Pero ese día, por fin me daría cuenta del amor que Dios tiene para mí. Él está y siempre ha estado conmigo. Aun cuando yo no estuviera consciente de ello, Él estaba allí para mí.

Este fue el día en que tomé una decisión consciente de seguirlo. Todos tenemos estas piedras en el camino de nuestra vida. Momentos en que tenemos que detenernos, mirar alrededor y decirnos: "Voy a empezar a cambiar hoy." Puede que sea solo un pequeño cambio, pero este es el día que voy a EMPEZAR a hacer los cambios en mi vida.

Voy a empezar por hacer nuevos hábitos. Esto puede ser tan abrumador al principio que simplemente no parece posible. Pero recuerde que tiene a Dios de su lado y Él puede dirigir su cambio. Él puede ayudarle cuando nadie más puede hacerlo.

Lo que estoy diciendo es que lo que sea necesario hacer para que consiga estar en el lado de los ganadores, pues, ¡vamos adelante hasta lograrlo! Dios puede y va a ayudarle.

Voy a compartir algunas ideas que me han ayudado. Sé que si las aplica, le ayudarán también. Mantenga una mente abierta. Reciba lo que es correcto para usted y comience el camino hacia la recuperación.

Una de las cosas más grandes que salieron de esto no es de mí o para mí, sino para las futuras generaciones que nos siguen atrás. Mi amigo, yo quiero decirle aquí y ahora y lo grito a los cuatro vientos...

¡La maldición generacional que estaba en nuestra vida se ha roto!

¡Se terminó! A medida que continúo mi caminar con el Señor, he descubierto que mis hijos no están bajo esta maldición. No, la maldición se ha roto. Mi familia está completa y mis hijos, mis nueras y mis nietos no están bajo esta maldición. ¡No más! Doy gracias a Dios por eso. Puedo decirlo de nuevo...

"¡La maldición generacional se ha roto!"

Nuestra vida ha sido guardada. Nuestra familia y mis hijos sirven a Dios. Jackie y yo hemos tenido el privilegio de servir como misioneros en un país extranjero. Hemos estado casados casi 40 años y servimos a un Dios fiel.

La segunda parte de este libro está dedicado a compartir con usted algunas ideas que me han ayudado a superar momentos difíciles. Tal vez estas ideas serán justamente las que usted pueda usar para ayudarse a salir a flote, véale un poco de sentido a todo esto, y salga adelante victorioso. ¡Este es mi objetivo!

No estoy tan preocupado por <u>cual</u> sea el problema que esté enfrentando, ya que hay muchas adicciones y vicios que pueden causar estragos en nuestra vida. Mis sugerencias pueden ayudarnos con cualquiera de las situaciones en nuestra vida. Tal vez usted reciba otra idea que funcione para usted, solo mantengamos una mente abierta y veamos cómo estas ideas pueden usarse para bien.

Al comenzar este tiempo de cambio, tenemos que recordar conscientemente de *cómo* vamos a cambiar; y esto empieza con nuestros pensamientos. Vamos a recordarnos a nosotros mismos, "Ah sí, no voy a pensar de esa manera nunca más, eso fue lo que me metió en problemas en primer lugar, así que voy a cambiar mi forma de pensar."

Luego podemos empezar a decirnos a nosotros mismos, al igual que dijo el motorcito mientras trataba de llegar a la montaña: "Creo que puedo, creo que puedo, creo que puedo."

Podremos empezar a decirnos a nosotros mismos, "¡Oye, yo **puedo** hacer esto!" Recuerde que éste es el día en que trazamos la línea en la arena y ¡empezamos a hacer cambios en nuestra vida!

Usted necesitará ayuda. Acuda con aquellas personas que puedan ayudarle. En primer lugar, Jesús. Él nunca le dejará y siempre estará con usted. Aun cuando sus amigos o cónyuges no estén con usted, Él sí lo estará. ¡Usted puede contar con Él!

¡Vamos a empezar!

CAPÍTULO DOCE

Una semilla plantada

Lucas 8:5-15 NVI [Nueva Versión Internacional]

Un sembrador salió a sembrar. Al esparcir la semilla, una parte cayó junto al camino; fue pisoteada, y los pájaros se la comieron. Otra parte cayó sobre las piedras y, cuando brotó, las plantas se secaron por falta de humedad. Otra parte cayó entre espinos que, al crecer junto con la semilla, la ahogaron. Pero otra parte cayó en buen terreno; así que brotó y produjo una cosecha del ciento por uno.

Sus discípulos le preguntaron a Jesús: «¿Qué quiere decir esto?»

Jesús contestó: «*Éste es el significado de la parábola: La semilla es la palabra de Dios. Los que están junto al camino son los que oyen, pero luego viene el diablo y les quita la palabra del corazón, no sea que crean y se salven. Los que están sobre las piedras son los que reciben la palabra con alegría cuando la oyen, pero no tienen raíz. Éstos creen por algún tiempo, pero se apartan cuando llega la prueba. La parte que cayó entre espinos son los que oyen, pero, con el correr del tiempo, los ahogan las preocupaciones, las riquezas y los placeres de esta vida, y no maduran. Pero la parte que cayó en buen terreno son los que oyen la palabra con corazón noble y bueno, y la retienen; y como perseveran, producen una buena cosecha.»*

¡Persevera! ¡Produce una cosecha!

Es nuestro deseo y propósito ser buena tierra; buena tierra que está lista para recibir aquello que Dios tiene para usted.

Algunos de nosotros que estamos en el camino simplemente oímos una buena palabra y rápidamente se nos es quitada. Otros oyen la palabra con alegría, pero conforme el tiempo pasa se les olvida, y otros aun se encuentran entre los espinos. Esto significa que las malas hierbas y los espinos de la vida ahogaran lo que saben que es verdad.

Preparémonos para ser buena tierra, de modo que lo que Dios tiene para nosotros, lo recibamos. Al recibir esta palabra, somos capaces de regarla, nutrirla y a su tiempo, éste producirá una buena cosecha.

Eso es lo que somos; buena tierra. La semilla es la Palabra de Dios y tenemos una vida y Dios tiene un plan para nuestra vida. Así que debemos regar nuestras semillas, nutrirlas y cultivarlas y entonces tendremos un cultivo y seremos capaces de ver madurar una cosecha.

Todos sabemos que estas semillas necesitan tiempo para crecer. Hay un lapso de tiempo que nos gustaría simplemente ignorar, y decir:

"Bueno, hice esto, y no he hecho aquello. ¿Por qué esto no ha sucedido? Quiero decir, como, ¿por qué no ha sucedido antes…ayer?"

Recuerde que usted es la tierra. Desde el momento en que se coloca una semilla en el terreno de su vida hasta que llegue su momento para ser un fruto maduro, puede pasar un largo tiempo.

Es un proceso que empieza cuando nacemos y continúa durante toda nuestra vida. Algunos frutos que producen semillas y algunas hierbas que producen semillas han sido sembrados en nuestra vida y podemos ver los resultados de ambos. Debemos regar y alimentar las semillas que producen frutos en nuestra vida. Es un proceso y comparto esto con ustedes para ayudarles a entender que va a tomar tiempo.

No podemos apresurar a la planta al igual que no se puede acelerar lo que Dios ha propuesto que suceda en nuestra vida. Recuerde esto, es un proceso… no me canso de decirlo y cuando se vuelva impaciente, recuerde que es un proceso. Recordar esto nos permitirá esperar y darle un poco de espacio a lo que sigue en nuestra vida. No llegamos a donde nos encontramos hoy de la noche a la mañana, y tampoco lo arreglaremos todo ¡de la noche a la mañana!

Una cosa que me ha ayudado es escribir una lista. Tenemos mucho que hacer, mucho que lograr conforme hacemos el cambio. Es que simplemente a veces parece imposible llegar al siguiente paso. Tendemos a mirar hacia dónde queremos ir y nos encontramos comparando nuestro progreso con el de los demás. Cuando hacemos eso, sentimos como si no hubiéramos hecho ningún progreso. ¿Qué haremos? Escribir una lista. Una lista de lo que ya hayamos logrado.

A medida que avancemos, vamos a seguir empujándonos a más y solo una lista de qué cosas "hacer" puede ser demasiado.

Si escribimos una lista de lo que ya hemos hecho, podemos decirnos a nosotros mismos: "¡Oye, caray, mira todo lo que has hecho hasta ahora!" Entonces vamos a ver nuestros logros y sabremos que hemos progresado.

Aquí está un ejemplo de una lista de lo que ya pude haber logrado.

Lista para Hacer
¡Lista de lo Ya Hecho!

-No he hecho hoy lo que hice en el pasado como un adicto. (¡Como beber!) -Veo que mejoran mis relaciones.
-Tengo mejor salud y estoy durmiendo mejor.
-Pienso con mucha más claridad.
-Reemplazo los pensamientos y acciones negativas con aquellas que son positivas y productivas.
-Leo más, oro más y he mejorado mi relación con Dios.

¡Y la lista sigue…! Poco a poco vamos dando pasos de cambio. Ahora estamos tomando pasos de cambios positivos. ¡Ánimo! ¡Sea paciente! Tenemos que seguir recordándonos que no nos volvimos de esta manera de un día para otro y tampoco nos arreglaremos en un día.

Lucas 8:08 Jesús dijo: *«Pero otra parte cayó en buen terreno; así que brotó y produjo una cosecha del ciento por uno.»*

Cuando Jesús dijo esto, exclamó: *«El que tenga oídos para oír, que oiga.»*

Capítulo Trece

El Viejo Rosal y la Higuera.
(Llegando a la raíz)

Jackie y yo compramos otra casa, una casa que necesita reparaciones. Hicimos planes para traerla de vuelta a la vida. Una de las cosas que planeamos hacer era plantar un árbol y, posiblemente, un nuevo arbusto. La casa a la que nos mudamos era una casa vieja. Había muchas plantas que habían estado allí por mucho tiempo. Una de ellas era un viejo rosal que estaba afuera en lo largo del cerco.

"Bueno", le dije a Jackie, "simplemente saldré allá afuera y voy a cavar para sacar esa cosa."

El arbusto que he llamado "el viejo rosal" realmente tenía de fundamento una gran raíz. Cavé probablemente 2 metros de profundidad para llegar a la raíz para que no volviera a salir. Saque esa raíz y rellené el agujero.

No pasaron más que un par de semanas cuando vi que salía un retoño de la tierra donde había desenterrado aquel viejo rosal. Luego otro salió y yo seguí tratando de conseguir la manera de detener que este volviera a tomar su espacio, pero era muy persistente. Creo que no había cavado lo suficientemente profundo para eliminar la raíz. No podía deshacerme de esa vieja Rosa.

Hay otras plantas así como esa. Uno cava y cava, pero cuando llega la siguiente primavera, ¡ahí está! Al parecer, lo único que se puede hacer es seguir podándola, cubrirla o simplemente seguir sacándola de raíz con la esperanza de que ese sea el último retoño. El hecho es que, a veces simplemente uno no puede deshacer de la raíz. Está ahí, es profunda y usted "no va a detenerla, ¡no importa lo que haga!"

Veamos otro ejemplo de la Biblia.

Marcos 11:12-14, 20-23 NVI *«Al día siguiente, cuando salían de Betania, Jesús tuvo hambre. Viendo a lo lejos una higuera que tenía hojas, fue a ver si hallaba algún fruto. Cuando llegó a ella sólo encontró hojas, porque no era tiempo de higos.»*

Entonces él dijo a la higuera: *«¡Nadie vuelva jamás a comer fruto de ti!»* Sus discípulos le oyeron decir.

Por la mañana, al pasar por el lugar, vieron la higuera se había secado desde la raíz. Pedro, acordándose, le dijo a Jesús: *«¡Rabí, mira, se ha secado la higuera que maldijiste!»*

«Tengan fe en Dios.» respondió Jesús. *«Les aseguro que si alguno le dice a este monte: "Quítate de ahí y tírate al mar",*

creyendo, sin abrigar la menor duda de que lo que dice sucederá, lo obtendrá.»

Esta escritura nos dice que podemos ser ganadores. Jesús nos dice que si tenemos fe y no dudamos, podemos tener victoria sobre nuestras circunstancias. La montaña en sí no va a desaparecer. Él está usando esto como un ejemplo de los obstáculos que se encuentran en nuestro camino. En pocas palabras, si decimos algo, tenga fe y no dude, crea que sucederá, y será hecho.

¡PODEMOS TENER VICTORIA SOBRE LOS OBSTÁCULOS! Podemos superar los problemas que nos han estado obstaculizando nuestra vida.

A lo que quiero llegar es que, al leer acerca de la higuera, quiero que note algo acerca de este árbol. Jesús lo maldijo. Murió, y al día siguiente, mientras caminaban junto al árbol ellos dijeron: "Mira Maestro, el árbol que maldijiste ayer, hoy esta ¡MUERTO!" Esto muestra el poder que está en Jesús, y en la Palabra de Dios.

Lo que quiero que noten es que en ese segundo día, ¡ELLOS VIERON EL ÁRBOL! En otras palabras, el árbol en sí no desapareció. Fue matado desde la raíz, y no hay nada que vaya a cambiar eso. Pero el árbol no desapareció.

Mientras los discípulos caminaban por ese lugar año tras año el árbol muerto aún era visible. Usted sabe que después de que un árbol ha muerto, este puede estar de pie durante muchos años. La corteza puede ya no estar allí, pero puede permanecer en pie por un tiempo muy largo. Es un recordatorio. Podrían haber dicho: "Oye, ¿recuerdan el día que Jesús maldijo este árbol?"

Muchos de nosotros deseamos que nuestra situación o nuestro pasado desaparezcan. Podemos pasar años, si no es que nuestra vida completa, esperando y deseando que desaparezca. Mi amigo, no va a desaparecer. Tenemos que aprender a "enfrentar nuestros gigantes."

Dios no va a borrar de nuestra memoria esos años de nuestra vida. No somos robots. Tenemos que tener en cuenta los hechos de nuestra vida. Sí, Jesús puede sanarnos. Sí, Él puede salvarnos de muchas cosas. Sí, puede maldecir a la higuera, pero el árbol aun permanece en pie. Sus circunstancias permanecen en pie. ¡Están ahí! Ellos son una parte de lo que somos.

Si puede entender esto usted será capaz de seguir adelante. Usted puede seguir esperando a que algo se vaya, pero si no lo hace, usted se habrá estancado. Encare a este gigante en su vida y entienda que las circunstancias de su vida son solo suyos y utilícelos para el bien de los demás. Sí, utilice sus malas experiencias para ayudar a otros que estén en una situación similar. Somos la suma de las partes que componen nuestra vida y la historia de nuestro pasado nos ayuda a ser quien somos hoy.

Una vez, un pastor compartió un buen y sensato consejo. Él nos dijo: "No malgaste sus años perdidos." Repito para dar énfasis. "No malgaste sus años perdidos".

Sí, es posible que haya pasado su vida bajo circunstancias negativas. Sin embargo, ¡nuestro pasado es lo que usamos para ayudar a otros! Si yo nunca hubiera experimentado problemas con el alcohol, entonces realmente no podría entender a otros que están en el mismo barco. Quiero decir, si yo no hubiera bebido, realmente no podría entender a otra persona que si lo hizo. Debido a que fui un alcohólico, soy capaz de entender a otro alcohólico.

Si sufrí abusos de cualquier tipo cuando era niño, ¿no debería ser capaz de entender a otras personas en situaciones similares? Podría ser yo quien les ayude y les muestre el camino para salir. Podría ser alguien que de aliento, un ejemplo y un amigo.

Mi infancia fue un desastre. Sin embargo, debido a mis experiencias, he trabajado con niños durante toda mi vida adulta. Les he enseñado a los niños en nuestra iglesia. Siempre les he puesto atención. ¿Por qué? Puedo entender lo que es ser un niño de doce años de una manera especial. Siempre estoy en busca de alguien que pueda tener una necesidad especial en su vida. Siempre trato de ser un amigo y una ayuda para ellos.

¡Aquí está la clave! Cuando usted comienza a ayudar a alguien más, va a dejar de pensar en su propia situación. Cuando usted se concentra en los demás y lo que está sucediendo en la vida de ellos, usted comenzará a sentirse mejor. Cualquier problema que usted estaba enfrentando, lo dejará de lado por el momento. Usted está dando de sí mismo y está ayudando a los demás.

"No malgaste sus años perdidos."

CAPÍTULO CATORCE

Reducir al Mínimo

Piense por un momento acerca de reducir al mínimo y eliminar cualquier obstáculo en su vida. Piense en un problema en su vida que necesite vencer.

Sea lo que sea, sé que podría ser enorme. De ninguna manera tengo la intención de minimizar la gravedad y la seriedad de la situación. Podría ser una amenaza latente a su vida y merece toda su atención. Si usted está enfrentando una montaña en su vida, puede estar consumiendo todo su tiempo y pensamientos, así como sus energías físicas.

Hay, sin embargo, un problema al permitir que cualquier situación nos consuma. Simplemente hace precisamente eso—nos consume. Un día me di cuenta de esto en mi propia vida, al estar haciendo mis mandados en la ciudad.

Cuando toque fondo con mi alcoholismo, yo era una persona muy deprimida. Estaba consumido por mis problemas. No podía dejar de beber y los problemas simplemente seguían llegando. Faltaba al trabajo y estaba enfermo. Estaba consumido y derrotado con mi situación.

Un día, mientras conducía por la ciudad, bolo encima de todo, estaba tan de bajón que no quería ver ni hablar con nadie. Yo era bueno en aislarme hasta que me sentía mejor. Yo hacía mi propia fiesta de "autocompasión".

Ese día en particular, algo sucedió. Yo estaba en un semáforo y estaba viendo como pasaba un hombre y al verle como pasaba, me dije a mí mismo,

"Vaya, ese tipo realmente está de bajón. Debe haber algunas cosas muy serias pasándole en su vida. ¡Él simplemente se ve miserable!"

En ese momento, una pequeña chispa se encendió en mi mente. Yo pensé: "¡Oye, ese soy yo! Esa es la forma en que me estoy comportando. "¿Sabes qué más? También me di cuenta que yo no era el único con problemas. Quiero decir, podía darme cuenta que este tipo tenía problemas. Por el aspecto que tenía me dije a mí mismo: "Será mejor que se despierte y se reincorpore antes de que se haga algún daño grave".

Este evento me liberó para no hacerme tan de menos. ¡Fue un alivio! Yo no era el único con problemas.

Esta es la razón detrás de la idea de terapia con un grupo. Entre en un ambiente grupal y encontrará gente con circunstancias similares e inmediatamente se le quitará la presión. Usted entonces puede decirse a sí mismo: "Bueno, supongo que no soy el único con un problema. Mira a toda esta gente, todos estamos aquí por la misma razón."

A través de un ambiente de grupo, usted encontrará ayuda, amistad y respuestas. Los grupos son una herramienta muy poderosa. Por favor, no lo deje pasar. No deje que su fiestecita de auto-compasión o su actitud de auto-aislamiento le impida ser parte de un grupo. Podría salvarle la vida.

Cuando usted se consume a sí mismo, puede desarrollar una visión de túnel. Así como cuando se les ponen anteojeras a los caballos para que no se distraigan. Si usted tiene esta visión de túnel, se va a perder de oportunidades. Usted puede caminar justo a la par de su solución, y caminar a la par de la persona que Dios colocó en su camino, para ser su amigo.

Cuando usted esté tan consumido, le está haciendo un daño a su salud. Usted no puede estar a gusto o relajado, de hecho, realmente usted pone veneno en su sistema simplemente con el hecho de estar muy preocupando.

Creo que mi padre puso estos tipos de venenos en su cuerpo todos los días con el odio y la ira. Sus preocupaciones no le hicieron ningún bien. El que se preocupe no le agregará un día más a su vida. Se va a perder de oportunidades y retrasar lo que Dios quiere hacer en su vida.

Jesús nos dice esto mismo en Mateo 6:27-34. Jesús pregunta: *«¿Quién de ustedes, por mucho que se preocupe, puede añadir una sola hora al curso de su vida?»* Preocuparse no le añadirá una hora o un día a su vida. Yo siempre he dicho: "Oye, si preocuparse me haría algún bien, entonces probémoslo. ¡Pero, NO ES ASÍ!"

Así que, con respecto a la gravedad de su situación, haga su mejor esfuerzo para... **¡REDUCIRLA AL MÍNIMO!"**

Son muchos los que han estado antes que usted en situaciones similares. ¿Cuántas personas adictas están ahí afuera? ¿Cuántas personas han experimentado un trauma en sus vidas? Ha habido cientos de miles de personas desde el primer día hasta hoy.

Cuando uno se *da cuenta* que hay tanta gente que de hecho ha estado antes que usted y se han sobrepuesto a eventos trágicos de la vida, esto le dará esperanza.

Por ejemplo, yo pensé que **_nunca_** sería capaz de dejar de fumar. Quiero decir, dejé de tratar de dejar de fumar. ¿Entendió eso? Tire la toalla y no intenté más el dejar de fumar. Fue inútil. Intenté cientos de veces. Fui golpeado y derrotado con la idea de que simplemente no podía hacerlo. Me resigné a la idea de que moriría antes de tiempo porque no tenía el poder o la capacidad para superar mi adicción a la nicotina.

Un día decidí unirme a un programa para dejar de fumar e intentar así dejar el hábito nuevamente. En estas reuniones he oído muchas historias de éxito donde otros han logrado dejar el mal hábito. Comencé a decirme a mí mismo: "Si ellos pueden hacerlo, bueno, supongo que ¡yo también puedo! Quiero decir, si ese hombrecito puede hacerlo, ¡yo también puedo!"

Minimizar. Empiece a hacer su situación más pequeña de lo que es. Mire a su alrededor. Hay otros en el mismo barco. Nunca es tan malo como parece. Esto también cesará. Podemos superar estas situaciones en nuestra vida.

Dígase a sí mismo: "Si ellos pueden superarlo, entonces yo también puedo." ¡Averigüe que hizo la gente para encontrar la victoria!

-Reduzca al mínimo su situación.
-Háblele a su montaña.
-Cambie su forma de pensar.
-Riegue sus buenas semillas.
-Mantenga la esperanza de un mañana mejor.

CAPÍTULO QUINCE

¡Aumente al Máximo a Dios!

Una vez que sabemos quién es Dios y lo que Él piensa de nosotros como hijos suyos, podemos empezar a sacar provecho de esta idea. Hay una serie de escrituras al final de este libro. Mi sugerencia es la siguiente: si usted las memoriza *Y* las utiliza en su diario caminar, le ayudarán a crecer. Permita que Dios entre en su vida, use el poder de la palabra escrita (la Biblia) para cambiar su modo de vivir y pensar. Memorice estas escrituras y cambiaran su vida.

Aquí hay un ejercicio que quiero sugerirle que intente. Imagine una pala y una pila de arena. Vamos a construir dos montañas de arena de esta pila. Vamos a empezar por tirar una palada de arena en una montaña cada vez que digamos algo negativo. Cada vez que pensemos o digamos algo que vaya en contra de lo que queremos ver realizado en nuestra vida, vamos a tirar sobre este otra palada de arena.

Podríamos empezar con... si dudamos de nosotros mismos—tire otra palada de arena por nuestros complejos de inferioridad. Tire otra palada por culpabilidad. No nos olvidemos de la condenación. ¿Qué hay de nuestros errores del pasado? Tenemos muchos fracasos y desánimos. No se olvide de nuestras palabras habladas con ira. Detenernos en lo que alguien más dijo o nos hizo para hacernos daño. Vamos, sega paleando. ¿Qué está pasando?

Ahora estamos haciendo una montaña de arena, ¿no es así? Ese montón de arena se pone cada vez más grande, ¿verdad? Nos sentimos peor. Empezamos a decirnos a nosotros mismos: soy un bueno para nada. Con qué razón él/ella me dejó. No valgo más que una cucaracha. ¡Soy un don nadie! Soy un inútil y pésimo............ (Usted llene el espacio)

¡Hola! ¿A dónde vamos con esto?

Ahora mira a su derecha. ¿Recuerda esa segunda montaña de arena? Este otro montón de arena representa lo que Dios quiere para nuestra vida. La segunda montaña es lo que Dios es, y lo que él puede hacer para ayudarnos a vencer al maligno. Esta será la montaña de la victoria. Pero mire, sigue siendo tan pequeño, ¿no es así? ¿Por qué?

No hemos estado poniendo nada de arena en ese montón, ¿verdad? Estamos aumentando lo ***negativo*** en nuestra vida y esa es la montaña que está creciendo. Estamos pensando sólo en las cosas negativas.

"¡Ay, pobre de mí, si tan sólo pudiera tener un descanso!" Estamos deprimidos y no somos buenos para nadie, y mucho menos para nosotros mismos.

Vamos a empezar a poner palas llenas de arena en esta montaña por cada cosa positiva que digamos o hagamos. Empecemos a decirnos lo que Dios dice de nosotros. Sabemos que Él tiene un plan para nuestra vida. Él tiene un plan para nuestro éxito. Sabemos que Él envió a Su Hijo a morir en la cruz para salvarnos de nuestros pecados. Sabemos que si fuéramos la única persona en esta tierra, Dios *aun así* habría enviado a su hijo a la cruz. Esa es la clase de amor que Él tiene para nosotros. ¡A trabajar en esa montaña de arena! La lista de lo bueno que Dios tiene para nosotros no tiene fin.

¡Hay tanto que conocer en la Biblia acerca de las promesas que Dios tiene para nosotros! Tenemos que programarnos para poner estas palabras en nuestra vida. Recuerde el dicho: "Si entra basura, sale basura". Lo mismo es verdad cuando se mete lo positivo, lo positivo saldrá.

Es posible que haya entrado en un hábito de auto destrucción que no se da cuenta de lo que está haciendo. Estoy aquí para decirle lo que está haciendo. Usted se está dañando. ¡DETENGASE! ¡Vuelva a programarse!

Esto puede ser difícil al inicio pero tenemos que recordarnos y reentrenarnos a pensar y a hablar de forma diferente.

Jesús nos dice que todas las cosas son posibles para los que creen. Él nos enseña en la Biblia como podemos tener éxito en nuestra vida. ¡Él nos muestra cuán preciados somos y lo mucho que se preocupa por nosotros! Así es, siga tirando arena en *esa* montaña.

Imaginemos ahora que no tenemos más nada de arena para lanzar en nuestras montañas. Bueno, nos vendría bien algo de la arena de la otra pila de arena, de ese montón de arena que representa los pensamientos negativos en nuestra vida. De repente vemos que los problemas y las dudas son cada vez más pequeños. Mientras tanto, Dios solo se pone cada vez más y más grande en nuestra vida.

Vamos, siga así. Al aumentar al máximo a Dios, reducimos al mínimo las obras del enemigo. Dios se hace más grande y el enemigo está bajo nuestros pies.

Entonces logramos ver el cambio. ¡Sí! podemos ver nuestra salud ser restaurada. Podemos ver nuestros matrimonios sanados y podemos ver a nuestros hijos venir de vuelta a nosotros. Sí, podemos ver cómo Dios está trabajando en nuestra vida. También podemos ver que nos estamos volviendo victoriosos mediante la edificación de quién es Dios y lo que Él dice. Podemos destruir las obras del enemigo.

Recuerde: "Si alguno *dijere* a este monte: Quítate, y no dudare, SERÁ QUITADO."

Juan 10:10 dice: «*El ladrón no viene más que a robar, matar y destruir; yo he venido para que tengan vida, y la tengan en abundancia.*» Estas son las palabras que Jesús tiene para nosotros. Confíe en Él. Usted puede contar con Él.

Usted tiene un propósito y fue creado por una razón. Todos nosotros fuimos creados para un nombramiento divino. En Jeremías 29:11 la Biblia dice: «*Porque yo sé muy bien los planes que tengo para ustedes —afirma el SEÑOR—, planes de bienestar y no de calamidad, a fin de darles un futuro y una esperanza.»*

Mi amigo, no malgaste sus años. Hay una razón para USTED. Usted tiene un llamado en su vida. ¡Úselo! Sea todo lo que pueda ser para Dios y para la humanidad. ¡Esto es lo que hemos sido llamados a hacer! Este es nuestro propósito.

Capítulo Dieciséis

¡Háblele a su Montaña!

¡Hable! Dios habló para que el mundo existiera. Las palabras que hablamos tienen un gran poder. Las palabras dirigidas *a* nosotros tienen un gran poder. Cuide sus palabras. Hable lo que es pertinente. Asegúrese de que sus palabras tengan valor y no caiga en hablar vanamente acerca de algo o alguien. Sus palabras cuentan.

Me crié en un hogar con problemas de alcohol. Las palabras que hablé, y las palabras que me dijeron fueron poderosas. Fueron palabras que cambian la vida, para bien o para mal. Mi experiencia de la niñez, la convivencia con un alcohólico, fue un momento muy traumático. Vivo con este pasado.

Mi padre, en medio de su borrachera, me dijo que yo era muchas cosas malas y estas palabras que habló, a pesar de ser una mentira, aunque fueron dichas en un momento en que él no era responsable de lo que estaba diciendo, me penetraron como una flecha.

¡Sin Dios en mi vida, estas palabras pudieron haberme destruido! Estoy agradecido de que Dios se reveló y me mostró su amor. Dios también respondió a mi oración. Dios estaba conmigo, incluso cuando yo no lo sabía.

Incluso cuando estaba en medio de esta confusión, sabía en mi corazón que las palabras dichas no eran ciertas. En el fondo, yo sabía que tenía valor como persona. Doy gracias a Dios que me ha ayudado en muchos aspectos a superar esos momentos de mi vida.

Dios me dio una esposa que creyó en mí y se mantuvo a mi lado. Dios me dio a Jackie y a mis dos sanos y estupendos hijos que han crecido a ser buenos hombres cristianos.

Dios nos dio un pastor que es nuestro mentor y nos guía. Hemos estado con nuestro pastor por más de 25 años. Él nunca ha dejado de darnos la Palabra, no adulterada, de Dios. Nuestros pastores representan el ejemplo de la vida de Cristo, porque, al igual que Jesús nunca se ha dado por vencido con nosotros, tampoco nuestros pastores se han dado por vencido con nosotros. Estamos agradecidos.

¡¡¡PALABRAS!!!

El poder de nuestras palabras son precisamente eso, poderosas. Cuando miramos en el libro del Génesis, habla acerca de lo que Dios DIJO. Dios "HABLÓ" para que este mundo viniera a la existencia. Empiece a leer en el Génesis, y verá que comienza con, *"Dios dijo: 'sea la luz, y fue la luz.'"* *"Dios dijo: hágase la separación entre la tierra y el agua"* y así fue. Dios no pensó las cosas para que existieran, Él les habló para que existieran.

A medida que empezamos a cambiar nuestros hábitos y acciones, recuerde que tenemos que hablar las cosas que deben acontecer en nuestra vida. Realmente no es suficiente con pensarlas o reflexionar sobre estos pensamientos. Habla estas cosas para que existan. Cuando lea algo que sea bueno, léalo en voz alta y declárelo sobre su persona. Realmente hay poder en sus palabras. Por favor, no dude del poder de sus palabras. Mire este ejemplo.

¿Alguna vez le ha dicho algo a alguien o alguien le ha dicho algo a usted que más tarde se lamentó? La persona puede haber estado en un arranque de ira y estaba diciéndole palabras ofensivas. Usted estaba en estado de shock ya que no podía creer lo que esta persona le había dicho. La próxima vez que vio a esta persona, pudo haberle dicho, "¿Sabe? lo que le dije la otra noche estuvo muy mal. Tengo que pedirle disculpas por haberle dicho esas cosas tan terribles. Yo simplemente estaba enojado. Lo siento y espero que me perdone. ¿Podemos olvidar esto y seguir adelante?"

¿Podría usted? Incluso si tratara, el poder de las palabras que le dijeron penetró en usted y sería muy difícil de hecho olvidarse de ellas.

Perdonar, por supuesto. Dios nos dice que debemos perdonar si esperamos ser perdonados. Debemos hacer eso. No podemos tener resentimiento y esperar que algo bueno salga de ella. Sí, podemos perdonar con la ayuda de Dios, y podemos tomar esas palabras y olvidar que fueron dichas alguna vez.

Cuida las palabras que dices.

La Biblia nos dice que la vida y la muerte están en poder de la lengua. La lengua es una herramienta muy poderosa, para bien y para mal. Guárdela y asegúrese de usarla para el bien de su vida.

Hablar buenas palabras es una poderosa herramienta para edificar su vida. Utilice sus palabras para decir cumplidos a los demás; use sus palabras para decir cosas agradables. ¡Llegará muy lejos! Usted también puede usar sus palabras para hablarse a sí mismo para que usted puede hacer los cambios que necesita hacer.

Coloque una banda elástica alrededor de su muñeca. Amarre una cinta alrededor de su dedo. Haga algo para que pueda tener un recordatorio constante de que usted está empezando a cambiar. Usted está cambiando debido a los pensamientos que vienen desde dentro de usted y las palabras que habla. **Es urgente** que comience a trabajar con estos cambios en su vida ahora, hablando las palabras y los pensamientos que vienen de Dios.

La cosa que más lamento en mi vida es esto. He pasado demasiado tiempo luchando contra estos demonios solito. Demasiado tiempo luchando cuando el tiempo desperdiciado pudo haber sido utilizado haciendo algo mucho más significativo.

Tal vez yo no comencé muy bien con lo que estoy sugiriéndole que haga. Tal vez fui un aprendiz lento, pero usted no tiene que serlo. Tome estas herramientas e ideas que se le han presentado y comience hoy. No pierdas más tiempo en el pasado. No piense ni permanezca en esas cosas. Permanezca en aquello que sea amoroso y tierno y que provenga de Dios.

¡Hay tanto que hacer! ¡Dé un paso adelante, dibuje esa línea en la arena y siga con vida!

Le animo a leer su Biblia y a unirse a una gran iglesia. Sea un discípulo y sea disciplinado. Ore, manténgase con una mente abierta, hable la Palabra y vea el cambio llegar a su vida. Un buen cambio. Crea y sirva a Jesucristo, su Salvador.

Reclame su premio. Recupere lo que el enemigo le ha quitado.

Este es el deseo de Dios para usted. Este es el plan de Dios. Esto es lo <u>mejor</u> de Dios para usted. Deseo que tengan una vida larga y plena.

Dios le bendiga.

CONTANDO CON LA PALABRA DE DIOS VERSÍCULOS DE LA BIBLIA -NIV

2 Corintios 5:17 «*Por lo tanto, si alguno está en Cristo, es una nueva creación. ¡Lo viejo ha pasado, ha llegado ya lo nuevo!*»

Colosenses 1:13-14 «*Él nos libró del dominio de la oscuridad y nos trasladó al reino de su amado Hijo, **14** en quien tenemos redención, el perdón de pecados.*»

Romanos 8:1-2 «*Por lo tanto, ya no hay ninguna condenación para los que están unidos a Cristo Jesús, **2** pues por medio de él la ley del Espíritu de vida me ha liberado de la ley del pecado y de la muerte.*»

Juan 15:15 «*Ya no los llamo siervos, porque el siervo no está al tanto de lo que hace su amo; los he llamado amigos, porque todo lo que a mi Padre le oí decir se lo he dado a conocer a ustedes.*»

2 Corintios 6:18 «*Yo seré un padre para ustedes, y ustedes serán mis hijos y mis hijas, dice el Señor Todopoderoso.*»

Gálatas 2:20 «*He sido crucificado con Cristo, y ya no vivo yo sino que Cristo vive en mí. Lo que ahora vivo en el cuerpo, lo vivo por la fe en el Hijo de Dios, quien me amó y dio su vida por mí.*»

Efesios 1:4 «*Dios nos escogió en él antes de la creación del mundo, para que seamos santos y sin mancha delante de él.*»

1 Tesalonicenses 5:5 «*Todos ustedes son hijos de la luz y del día. No somos de la noche ni de la oscuridad.*»

2 Pedro 1:4 «*Así Dios nos ha entregado sus preciosas y magníficas promesas para que ustedes, luego de escapar de la corrupción que hay en el mundo debido a los malos deseos, lleguen a tener parte en la naturaleza divina.*»

Jeremías 29:11 «*Porque yo sé muy bien los planes que tengo para ustedes —afirma el SEÑOR—, planes de bienestar y no de calamidad, a fin de darles un futuro y una esperanza.*»

En Conclusión

Estoy muy contento de tener finalmente este libro preparado para usted. Espero que le haya ayudado de alguna manera. Páselo a un amigo o miembro de la familia que necesite ser alentado. A veces, nuestras soluciones pueden ser muy complicadas y no tienen que ser así. La palabra de Dios es simple y directa. Somos nosotros quienes tendemos a complicarlo. Espero que al compartir mis ideas, estos les hayan ayudado a ver una solución.

Es una cosa increíble cuando podemos darnos cuenta de que nuestro Dios no tiene límites. No hay nada que Él no pueda hacer y si tan solo pudiéramos ver lo que Él ha planeado para nuestro futuro nos sorprenderíamos.

Jackie y yo empezamos nuestra vida juntos con muchas cosas en nuestra contra. Cuando pienso en la manera en como empezamos, me doy cuenta que podríamos estar muertos, divorciados y / o tener hijos metidos en líos tanto como lo estuvimos nosotros.

Pero en cambio, Dios nos ha bendecido tanto. La maldición de la familia que estaba pasando de generación en generación se ha detenido; se acabó. Tenemos dos hermosos hijos quienes están casados con bellas mujeres cristianas y también tenemos tres nietos que son simplemente una bendición para nuestra vida.

Nuestro matrimonio ha sido sanado y nuestros hijos, sus hijos y toda nuestra familia le sirve al Señor. Esto es un gran milagro y estoy eternamente agradecido; no puedo expresar lo suficiente mi gratitud a Dios.

Jackie y yo pudimos servir como misioneros durante tres años en Guatemala y hemos servido fielmente en muchos sentidos en nuestra iglesia local; compartimos a Jesús como nuestro Salvador.

Nos gustaría saber de usted a medida que continúe creciendo en Cristo. Nos puede contactar en la siguiente dirección de correo electrónico. aboysprayer@gmail.com

Es nuestra oración que usted viva una vida plena y siempre con Dios. Conozca a Dios, ore diariamente, lea Su palabra y sea un discípulo. Haga lo que Él nos manda en la Biblia; amémonos unos a otros, perdone y comparta de Su amor con todos los que le rodean.

¡Dios le bendiga! Vaya con Dios.

Roger y Jackie